Michel,

Novembre 1978. C'est l'hiver et à Dunkerque c'est vraiment l'hiver. Il y a de la pluie et du vent. C'est dimanche et on décide avec mes parents d'aller voir Les Bronzés *au cinéma. Le cinéma s'appelle le Chantecler. Il n'y a qu'une salle. Grande avec un balcon et une scène. Les publicités sont affichées sur un rideau. On passe bien une demi-heure à lire et relire « Où boire un verre après le film » ou « Où aller acheter son bifteck le lendemain matin ». On en oublierait presque qu'on est là pour voir un film. La salle est pleine. Ils projettent d'abord un court métrage dont je n'ai aucun souvenir et ensuite le film. Tout le monde fait « Ha ! » quand la lumière s'éteint. Le cinéma est une fête. J'ai onze ans et je vois* Les Bronzés *pour la première fois. Depuis j'ai dû le voir peut-être trente fois. Peut-être plus ? Il y a un moment où on ne compte plus. Mais cette première fois on s'en souvient. Un peu comme on se souvient de l'endroit où on était quand Coluche est mort. Sauf bien sûr si on n'était pas né. Le film commence. J'ai envie d'être au Club Med avec eux. Je rougis pendant la scène des seins nus (j'avais onze ans, ça m'arrive moins maintenant) et je découvre un mec avec une moustache, un peignoir et un bob, gaulé comme une crevette et qui me fait mourir de rire. Il s'appelle Jean-Claude Dusse. Les années passent et je comprends mieux les vannes. Je me dis que j'aimerais bien faire ce métier.*

Octobre 1984. Suis en week-end chez une copine à Paris. On va aux Halles. C'est classe d'aller aux Halles en 1984. On va au cinéma. Il y a plusieurs salles ça me change. Marche à l'ombre. *C'est le premier film en tant que réalisateur du mec que j'aime bien. Jean-Claude Dusse s'appelle en fait Michel Blanc. Et là je reste scotché. À tel point que je n'essaye même pas d'embrasser la copine. Je t'en veux Michel d'avoir fait un aussi bon film. C'est drôle, touchant, tellement bien filmé. Je sais pas pourquoi, mais je suis frappé par les costumes et l'harmonie des couleurs. Et dieu sait que je ne suis pas chiffons. Ce film donne la patate. J'ai envie d'être pote avec ces deux mecs-là et un peu plus avec Sophie Duez. Cette fois-ci il n'y plus de doutes, c'est ce métier que je veux faire.*

Avril 1986. Lille. J'ai eu mon bac l'année d'avant. Je suis à la fac. Enfin je suis plus au cinéma qu'à la fac. Dans la rue de Béthune à l'époque il y a au moins cinq cinémas. Tenue de soirée. *Putain de film. Blier. Gainsbourg. Depardieu. Miou-Miou. Michel Blanc. Là, c'est du solide. Le niveau est très très haut. Michel en plus d'être drôle est infiniment touchant. Quand Antoine dit à Bob « Dehors c'est le printemps, tu ne m'as même pas emmené voir les bourgeons », c'est magnifique. Michel est bouleversant. Il joue un mec amoureux. Rien d'autre. Je commence à prendre des cours de théâtre et je me dis que le chemin est long.*

Printemps 2016. Paris. Oui j'ai fait un bond mais que voulez-vous la prison ça vous coupe un peu du monde quoi qu'on en dise. J'envoie mon scénario à Michel que je ne connais pas. Vingt-quatre heures après il me rappelle. « Salut, c'est Blanc (Il oublie toujours son prénom quand il est au téléphone). J'ai lu, c'est super, je le fais. » Et voilà, un des mecs que j'admire le plus en tant qu'acteur, que je respecte plus que tout en tant que réalisateur, que j'idolâtre (pensez à changer ce verbe, c'est n'importe quoi) en tant que dialoguiste accepte de jouer dans Les Souvenirs *!*

Et là enfin je rencontre le mec et je peux vous dire que c'est un chouette mec. Tellement drôle, humain, beaucoup d'humilité, extrêmement intelligent et cultivé, un peu hypocondriaque (tu as vu, Michel, j'ai remplacé « très » par « un peu » comme tu me l'avais suggéré) et puis il aime bien le rosé, ce qui ne gâche rien.

Michel, un conseil : ne change rien. Ah si peut-être une chose… Réalise plus de films. Franchement t'as pas le droit de prendre autant ton temps. Regarde Woody Allen. Il faut que tu le rattrapes. Ce qui, c'est vrai, t'obligerait à faire un film par mois. Bon, en attendant, appelle-moi quand tu veux qu'on aille prendre un apéro qui finit à deux heures du mat' et que je sois évidemment le seul responsable de ton mal de crâne du lendemain.

Je t'embrasse.

Jean-Paul Rouve

Introduction

Début janvier 2017. Michel Blanc prépare son prochain film, la suite d'*Embrassez qui vous voudrez.* Lui qui n'a pourtant jamais été amateur des numéros deux au cinéma vient d'obtenir le feu vert pour un nouveau tournage réunissant, entre autres, Carole Bouquet, Jacques Dutronc, Charlotte Rampling et Karin Viard. S'il ne cache pas son enthousiasme à l'idée de les retrouver d'ici quelques mois, il confie aussi ouvertement que ce projet n'était pas le sien au départ, mais bien la volonté d'un producteur. Six mois d'écriture et de balbutiements auront été nécessaires pour que l'auteur trace, développe et mette en musique les nouvelles trajectoires empruntées par Lulu, Bertrand, Elizabeth ou Véronique, car si Michel Blanc avait puisé son matériau originel dans le roman de l'Anglais Joseph Connolly en 2002, quinze ans plus tard, une nouvelle page, presque blanche cette fois-ci, s'est naturellement imposée à lui. Michel Blanc n'a plus écrit un scénario *ex nihilo* depuis longtemps et s'est même demandé s'il en était encore tout à fait capable. À sa table, il a d'abord imaginé inventer de nouveaux personnages pour que, petit à petit, les anciens reviennent dans l'histoire ; une vraie fausse suite pour surprendre son public. En y réfléchissant à deux fois, cette option a été aussitôt balayée puisque les journalistes auraient trop rapidement vendu la mèche, selon lui… Finalement, il a donc repris un scénario basé sur les héros connus, rejoints par quelques nouveaux visages comme celui de Jean-Paul Rouve, un complice depuis *Les Souvenirs* en 2014 et *Les Nouvelles Aventures d'Aladin* en 2015. Jusqu'au point final, l'angoisse n'aura jamais vraiment quitté l'auteur. Si la production avait accepté sa règle du jeu – Michel Blanc le savait lorsqu'il composait les partitions inédites de ses solistes –, il aurait suffi qu'un seul des acteurs dise non pour que tout le projet soit remis en question. Il n'en a rien été. L'auteur a même volontairement tiré un trait sur plusieurs protagonistes pour éviter toute redondance, voyant que certains rôles avaient exprimé toute leur richesse dans le premier film. Diplomate et instruit, il n'oublie jamais d'être honnête et avoue que le rôle naturellement destiné à Gaspard Ulliel, débutant du premier épisode, n'avait plus assez d'enjeu pour l'acteur qu'il est devenu. Pour les autres absents, il enverra promptement une lettre avant qu'ils n'apprennent qu'une suite va voir le jour pour laquelle ils n'ont pas été sollicités. Le film avant tout.

Le parcours du scénariste achevé, le chemin du réalisateur ne fait réellement que commencer. Monteuse, chef opérateur, décorateur, il est impossible pour Michel Blanc de sacrifier l'un des pans essentiels de son cinquième long-métrage. Il espère convaincre les meilleurs à ses yeux. De rendez-vous ajournés en agendas passablement irréconciliables, l'équipe du film s'étoffe sur un rythme atonal au creux de cet hiver 2016-2017. Tandis que le temps qui le sépare du tournage annoncé file à toute allure, il enchaîne les promotions radio et télé pour *Raid dingue*, le nouveau Dany Boon dans lequel il interprète Jacques Pasquali, le ministre de l'Intérieur. Michel Blanc déteste l'ennui de toute façon.

Le projet d'une biographie a fait irruption dans ce contexte. « Je suis toujours étonné qu'on s'intéresse à moi », prévient-il au début d'un premier échange. Quelques semaines plus tard, il est question de cinéma et de théâtre, mais surtout d'écriture et de musique classique. « L'écriture me passionne et me fait gagner ma vie, la musique ne me rapporte rien, mais me passionne. Il n'y a aucune échelle de valeurs entre les deux. Je ne compare pas ce que j'écris à ce que j'entends. Je ne crois pas que ce soit au niveau de Brahms ou de Beethoven. »

Peut-être, mais la musique reste indissociable de toutes les étapes de la carrière de Michel Blanc, des apprentissages à la formation du premier groupe, avec Gérard Jugnot, Christian Clavier, Thierry Lhermitte, Marie-Anne Chazel et Josiane Balasko, du soliste des années 1980 jusqu'à l'adaptateur qu'on dirait arrangeur. Quant au Michel Blanc réalisateur, il n'y a qu'un pas pour le considérer chef d'orchestre.

Première partie

Apprentissages

Enfance

« Pour faire ce métier, il faut avoir des relations »

Avant même de savoir lire et écrire, Michel Blanc n'avait que sept ans lorsqu'il a voulu son premier rôle. À Puteaux comme partout ailleurs en France, les fêtes de fin d'année des écoles riment avec déguisements et papier crépon. À l'âge des grandes découvertes, l'élève plutôt réservé se sent soudain l'envie de descendre dans l'arène et de montrer de quoi il est capable, car aux beaux jours, les familles assisteront à la représentation d'une corrida. Mais l'annonce de la distribution du spectacle des primaires a fait au moins un déçu. La liste des personnages principaux se résume à deux garçons pour jouer le taureau et un pour tenir la cape du toréador. Et tous les autres enfants ? Ils grossiront les rangs de la foule… Ulcéré de ne pas avoir été désigné pour occuper les devants de la scène, l'enfant vexé rentre ce soir-là à la maison avec une injustice dans son cartable et une annonce de la plus haute importance à faire. À compter de ce jour, il veut être comédien et rien d'autre. Sauf que la réponse de Marcel et Janine Blanc n'a pas fait un pli : « Pour faire ce métier, il faut avoir des relations. »

Et des relations, personne n'en a dans la famille. L'explication a le mérite d'être claire et sans l'ombre d'une ambiguïté aux yeux de l'enfant. L'Olympe des vedettes du théâtre et du cinéma paraissait encore intouchable au commun des mortels, qui plus est sur cette rive modeste des Hauts-de-Seine. Rien ne sert de se bercer d'illusions. Eux ne sont pas de ce monde.

La famille de mon père et celle de mon arrière-grand-père maternel sont venues à Paris parce qu'on crevait de faim dans les campagnes au début du XX*e siècle. Si on voulait gagner un peu d'argent, il fallait monter à la capitale. Du côté paternel, ils étaient bougnats, « café-bois-charbon ». Adolescent, mon père aidait le sien en livrant des sacs toute la journée. En vérité, la souche parisienne la plus ancienne de la famille remonte à mon arrière-grand-mère maternelle, qui est née dans un hôpital public du faubourg Saint-Honoré dans les années 1880. L'adresse fait chic, mais l'hôpital était pour les pauvres visiblement. Elle a ensuite passé son enfance dans la rue Quincampoix.*

Durant la semaine, les parents travaillent dur pour de maigres revenus. Marcel passe ses journées dans les services douaniers pour lesquels il est déclarant, pendant que Janine est employée comme dactylo. Ils partent tôt le matin et rentrent bien après la fin de l'école. Michel passe beaucoup de temps chez ses grands-parents. Il s'installe de longues heures dans la cuisine pour faire ses devoirs sur un coin de table pendant que sa grand-mère prépare le repas du midi ou du soir. François, son grand-père, tient l'horlogerie attenante. Le silence qui règne dans la boutique est rompu par le bruit des outils qui cliquettent sur la petite plaque de verre et le va-et-vient des clients. « Vingt fois sur le métier remettez votre ouvrage », écrivait Nicolas Boileau dans *L'Art poétique*. La précision de l'artisan restera une valeur cardinale longtemps recherchée par Michel Blanc dans toutes ses entreprises, au point parfois de prendre une place excessive. De ces moments à observer son aïeul réparer les mécanismes, il conserve le goût des belles montres, mais pas la vocation. Pouvait-il en être autrement pour ce petit garçon que sa grand-mère surnommait « Sans soin » ? Au début de ce XXe siècle, François a travaillé dès l'âge de onze ans, comme tant de jeunes garçons. Puis la Grande Guerre faillit le balayer d'un coup de mitraille alors qu'il était à l'avant du cockpit d'un avion, blessant sa jambe et bousillant l'un de ses poumons. Janine Blanc a hérité du caractère plus autoritaire de son père, un héros aux yeux de son petit-fils.

Fils unique, Michel n'appartient pas à la catégorie de ces rêveurs qui aiment à s'ennuyer pour construire des mondes imaginaires. Lui préfère le vélocross dans les terrains vagues, déjà en bande. Il ne supporte pas de jouer tout seul. Ses copains se méfient aussi de ce grand-père si strict et hésitent à franchir la porte d'entrée de l'horlogerie familiale. À cette époque, le béton de la Défense n'a pas encore défiguré Puteaux. Les habitants du quartier peuvent même aller chercher du lait dans une ferme non loin de là, près du bidonville. La France vit ses Trente Glorieuses, Michel, les plus belles années de sa vie.

Les Blanc habitent un pavillon deux-pièces-cuisine sans salle de bains. Le matin, il faut faire sa toilette dans l'évier et parfois même, quand l'hiver est rude, par des températures proches de zéro.

Notre pavillon avait été construit par mon arrière-grand-père qui n'était pas du tout dans le bâtiment, mais dont un ami l'était. Il n'y avait pas assez d'aération… La maison était d'une humidité totale. Il y avait ma chambre et puis le salon-salle à manger qui faisait office de chambre parentale. Et bien sûr la cuisine. Toute mon enfance s'est passée dans des cuisines, chez mes parents ou chez mes grands-parents. La cuisine faisait office de salle d'eau. C'est d'ailleurs très étrange parce que je n'ai pas le souvenir d'avoir vu mon père ou ma mère se laver… Il devait y avoir une organisation à la maison ! Je me souviens surtout que j'avais un petit jardin avec un cerisier absolument génial qui donnait de grosses cerises, des cœurs-de-pigeon.

Chaque soir, la famille écoute la radio en dînant. La télévision n'a pas encore faire irruption dans les salons des familles modestes quoiqu'elle frappe déjà aux portes des amoureux du ballon rond et de la Coupe du monde. Sur les ondes, les programmes qui suivent les informations ont emprunté à la musique classique leurs génériques. Michel entend déjà Beethoven, Bach ou Ravel. Sans trop savoir pourquoi, il aime ça. Il n'y a pourtant aucun disque de ce genre à la maison. Et puis un jour, sa tante fait l'acquisition d'un tourne-disque stéréo de la dernière gamme commercialisée par Thomson-CSF. La société casse le prix pour ses employés, dont sa tante fait partie. Le concerto dit « Jeunehomme » et la « Marche turque » de Mozart entrent à ce moment-là dans la vie de Michel Blanc et ne la quitteront plus.

Ma tante avait des disques d'Aznavour, mais elle s'était dit qu'elle allait acheter des classiques pour profiter du son stéréo. Je les ai entendus une fois et je suis tombé dedans. Quand j'allais chez elle, je les écoutais non-stop. J'ai toujours le disque de Mozart chez moi, avec le concerto dit « Jeune-homme » et la sonate n° 11 qui s'achève par la « Marche turque », interprétés par Lili Kraus. Dedans, il y a encore le ticket de caisse. Et il date de l'année 1961.

À ces samedis après-midi passés chez la sœur de sa mère répondent les dimanches sur la pelouse de Longchamp. C'est massée le long des barrières, dans la frénésie des parieurs, que cette famille de turfistes de père en fils assiste aux courses, le dos tourné aux bourgeois qui, plus confortablement installés dans la tribune, s'époumonent aussi. Nulle jalousie, ni amertume cependant. Le cocon aimant et protecteur des Blanc suffit au bon équilibre du fils qui envisage dorénavant l'idée plus rassurante d'un avenir d'ingénieur électronicien.

Avant qu'il ne se grippe définitivement avec les crises économiques successives, l'ascenseur social fonctionnait encore convenablement pour Marcel et Janine. Lui avait troqué le bleu du chauffeur-livreur pour les carnets des douanes avant la naissance de Michel. Avec les années, elle a gravi les échelons du personnel administratif à force de rigueur et de volonté. Janine Blanc a suivi toutes les formations jusqu'à achever sa carrière professionnelle au poste de chef comptable chez Lacoste. Beaux exemples, monsieur et madame Blanc ont une éducation extrêmement libérale envers leur seul enfant, qui, pour une tout autre raison, fait l'objet d'une protection quasi obsessionnelle de leur part.

Un souffle au cœur lui ayant été décelé à la naissance, sa fragilité ne fait aucun doute à leurs yeux. Marcel lui répète sans cesse de faire attention au moindre geste, pas même excessif. Comme si sa petite taille ne suffisait pas, Michel est moqué dans la cour de récréation. On pointe du doigt le cardiaque. De cet épisode, il conserve un penchant pour l'hypocondrie, l'un des travers dont sont affublés plusieurs des personnages de sa filmographie la plus populaire, avec, en tête, ce râleur de Guy dans *Marche à l'ombre* et Jean-Pierre dans *Une petite zone de turbulences*.

Au-dehors, les bulldozers ont déjà creusé les fondations des gratte-ciel et du CNIT. Puteaux devient le plus grand chantier à ciel ouvert de France. L'expropriation conduit les Blanc jusqu'à Colombes, commune limitrophe. Inutile de regarder derrière soi. Le pavillon familial a déjà été remplacé par un pilier de la rocade.

La boutique de mon grand-père existe toujours, mais ce n'est plus une horlogerie. Elle se situe dans un groupe HLM des années 1920 en briques rouges, le seul qui subsiste encore de cet endroit qui a été dévasté. Puteaux, c'est le moment où j'ai été le plus heureux.

Au lycée Pasteur, premières scènes

« Je lui dois beaucoup, notamment d'avoir rencontré cette bande de crétins »

Bon élève sans trop travailler, Michel a des facilités et Janine le sait. Comme elle, son fils ira le plus haut possible et peu importent ses origines. Au lieu donc de l'envoyer au lycée public d'à côté, elle prépare un dossier pour le lycée Pasteur à Neuilly-sur-Seine.

Je lui dois beaucoup, notamment d'avoir rencontré cette bande de crétins qui est devenue le Splendid. Ma mère s'est toujours battue pour moi. Elle a un caractère très fort.

Sur l'autre rive, les grilles du prestigieux établissement ont vu passer nombre d'élites depuis l'édification du campanile peu avant la Première Guerre mondiale. Le 21 du boulevard d'Inkermann a déjà une furieuse réputation et les fils de bourgeois des Hauts-de-Seine sont ici chez eux. L'imposante majesté des lieux a de quoi écraser toutes les aspirations les plus honnêtes des jeunes garçons en pleine quête d'identité.

La candidature des Blanc n'a posé aucune difficulté au regard des notes de Michel. Dès la rentrée de septembre 1963, il va de surprise en surprise dans un monde qu'il ne connaît pas. Ici, les parents de ses nouveaux camarades divorcent et les familles partent faire du ski à la montagne quand arrivent les vacances d'hiver. Tels sont donc les attributs des familles de riches !

Chez lui, le jeune garçon retrouve son univers protégé, notamment les livres de Sherlock Holmes qu'il dévore après avoir passé ses vertes années le nez dans les *Tintin* puis les *Arsène Lupin*. Les aventures du personnage imaginé par Sir Conan Doyle lui donnent un avant-goût de Londres, avec ses ruelles humides et ses façades victoriennes, les voyages n'étant pas encore d'actualité pour lui.

Conan Doyle a inventé un véritable mythe. La preuve aujourd'hui avec la série Elementary, *que je dévore. On peut transposer ce personnage dans le New York actuel et c'est extraordinaire. Maurice Leblanc est plus daté, avec son gentleman cambrioleur… C'était bien écrit, en tout cas beaucoup mieux que* Fantômas.

Des années plus tard, Michel Blanc sera l'un de ceux qui savent le mieux manier l'humour anglais dans ses nombreuses adaptations pour le théâtre et le cinéma.

Avec son argent de poche, il s'achète plus volontiers ses premiers disques de musique classique que les derniers tubes à la mode. Marcel et Janine ont cette conviction tenace que les symphonies de Beethoven et les sonates de Mozart sont réservées à une classe dite supérieure à laquelle ils n'appartiennent toujours pas. Ils n'ont pas les codes ? Qu'à cela ne tienne, Michel a visiblement su les déchiffrer.

Et à l'entendre, il suffit en réalité d'écouter et d'apprécier. Alors au lieu de réfréner ce goût pour la présumée « grande musique », Marcel et Janine encouragent leur fils à assister à un vrai concert. Un 11 novembre, il pousse donc pour la première fois les portes de la mythique salle Pleyel. Eux n'ont pas été jusqu'à l'accompagner. Tout seul au milieu du soi-disant beau monde, il voit le chef diriger l'orchestre sur un programme consacré à Beethoven. Le quartier de la place des Ternes, dans le XVIIe arrondissement de Paris, n'a pas fini de voir sa silhouette emprunter la rue du Faubourg-Saint-Honoré. À treize ans, il franchit une étape décisive et commence le piano. Ses parents apportent à nouveau leur soutien sincère à son choix, louent un instrument et convainquent l'un des professeurs du lycée de lui donner des leçons. Les doigts hésitants se mettent aux gammes.

Face au miroir, l'adolescent ne s'apprécie guère. Il se voit petit, maigrelet, moche et se camoufle derrière une extraordinaire timidité. Il se réfugie souvent devant le petit écran où ses héros s'appellent Ivanhoé ou Zorro. En secret, il aimerait avoir leur courage, mais son corps le lui interdit visiblement, sans parler de son handicap de naissance. Alors, au lieu de s'affirmer, Michel Blanc se fait discret. Il adore aussi les westerns qui passent à la télévision, tout autant que les grands classiques du dimanche après-midi.

J'ai découvert le cinéma quand j'étais enfant grâce à la télévision, de Ben-Hur *aux films de Julien Duvivier. J'avais moins de dix ans lorsque j'ai vu* Les Enfants du Paradis *ou* To Be or Not to Be. *Lubitsch a réalisé la meilleure comédie qu'on ait pu écrire. C'est sans doute l'une de celles qui m'a le plus influencé. Il y a tellement de lectures possibles de ce film… Pour un gosse d'une dizaine d'années, c'était un film d'aventures. Je l'avais adoré parce qu'il y avait du suspense. Évidemment, je ne comprenais pas pourquoi c'était rigolo de voir Hitler marcher dans Varsovie au début du film. J'ai gardé un vrai attachement à tous ces films populaires comme on savait les faire à l'époque. Il y en a un autre qui faisait des films incroyables, c'est Jacques Tati, sans doute l'un des réalisateurs français les plus originaux.* Playtime *est un chef-d'œuvre, une révolution esthétique. Je suis allé le voir au cinéma avec un pote du lycée.*

En classe, le professeur de français a trouvé un ingénieux stratagème pour intéresser ses élèves aux belles-lettres. Chacune des pièces étudiées en cours est jouée par des volontaires. Au programme de ce trimestre sont prévues *Les Précieuses ridicules* de Molière. Au moment fatidique où le maître demande qui souhaite le rejoindre sur l'estrade, le bras de Michel se lève presque malgré lui. Se souvient-il alors de l'affront dont il avait fait l'objet lors de la corrida de sa fête de fin d'école durant ses jeunes années ? L'envie se fait plus forte que la raison et voici le timide par excellence qui se lève et se dirige vers le tableau, tenant sa feuille d'une main tremblante. Il joue la scène, et les rires de ses copains font le reste. À partir de là, Michel entend bien jouer la comédie encore longtemps.

À la rentrée de septembre suivante, il s'installe à côté d'un certain Gérard Jugnot dans le cours d'allemand du professeur Knaebell. Tous les deux ont des points communs qui ne trompent pas et qui rapprochent, en particulier un physique qui n'attire pas automatiquement le regard de la gent féminine, doublé d'une calvitie déjà naissante (voire inquiétante) pour Michel. Ils s'en rendent bien compte lorsqu'ils traversent le boulevard.

Si les journées se passent entre garçons, les boums, elles, sont mixtes. Michel y côtoie les enfants de bonne famille de la haute société. Chez les Citroën, pour ne citer qu'eux, l'immense appartement donne sur le bois de Boulogne. Orchestre et petits-fours à volonté sont prévus pour amuser la jeunesse… Jamais Michel n'est victime d'un quelconque ostracisme du fait de ses origines modestes, pas plus que Gérard. Ce débat n'existe même pas au milieu de ces années 1960.

Jugnot était d'une classe identique à la mienne sauf que son père avait créé son entreprise de plomberie. Il était donc un peu plus aisé que nous, mais il n'y a jamais eu de mur de verre pour le petit prolétaire. Comme j'étais bon élève, les mères de mes copains préféraient les voir traîner avec moi qu'avec un mec qui avait 2/20.

Non, la vraie question du moment était plutôt de savoir comment approcher une fille… Les deux garçons choisissent donc de faire dans l'humour, façon Jean Poiret et Michel Serrault, leurs idoles communes. Michel Blanc se barricade derrière ses reparties et s'appuie sur des traits d'humour cinglants comme des pirouettes pour se sortir de n'importe quelle situation. Il développe l'art de l'esquive verbale. Il a conservé cette aisance dans le mot assassin qui peut sévèrement piquer ses interlocuteurs. Aujourd'hui, sur les conseils de son entourage, il évite toute intrusion sur les réseaux sociaux pour éviter le carnage verbal et les dommages collatéraux face à la bêtise ambiante.

Le lycée Pasteur propose de nombreux ateliers pour des élèves qui s'y révèlent. Son nouveau copain Gérard a pris le chemin du ciné-club, animé par Charles Nemes (le futur réalisateur de *La Tour Montparnasse infernale* et de la série *H*). Depuis tout petit, Gérard a des rêves de cinéma, au point d'être déjà passé à la réalisation ! Il a même projeté son premier court-métrage en Super 8 à ses copains quelques mois plus tôt, une parodie de *Goldfinger* intitulée *Plombfinger*. L'un d'entre eux s'appelle Christian Clavier. Il a lui-même un ami, Thierry Lhermitte, qui vient d'écrire un scénario. Alors tout naturellement, lorsque Thierry se met en quête d'un metteur en scène pour le tourner, le prénom de Gérard s'impose dans la cour du « Château », comme on surnomme le lycée Pasteur. Les trois adolescents mettent en chantier ce projet intitulé « Désespoir de cathode ».

Au même moment, Michel se consacre toujours plus assidûment au théâtre. L'atelier de Jean-Pierre Fontaine devient l'un de ces lieux où il abandonne les habits d'une adolescence qu'il ne souhaite même pas à son pire ennemi pour incarner des personnages souvent plus vieux que son âge, du répertoire de Molière ou de Jean Giraudoux. Il est persuadé de toute façon qu'il n'est pas fait pour être jeune. Il devient donc sur scène un autre, qui lui permet d'oublier ce visage et ce corps qu'il déteste. L'atelier le conduit même à des rencontres originales.

Je me souviens qu'un camarade très débrouillard, Robert Bensimon, nous avait obtenu un rendez-vous chez Eugene Ionesco. On a pris le thé chez lui ! Lui buvait tout autre chose… Et il en prenait beaucoup ! Il a fini par nous dire :

« Excusez-moi, je dois boire beaucoup… J'ai mes médicaments qui me dessèchent la bouche. »

Michel s'intéresse aussi à l'art de la pellicule. Ce fut même l'objet de l'une de ses toutes premières discussions avec Gérard Jugnot. Sa curiosité l'avait fait s'interroger sur la fabrication des bobines : comment les collures pouvaient-elles résister à l'épreuve du projecteur ? À l'époque, les ordinateurs et le numérique étaient du domaine de la science-fiction et le montage demeurait parfois proche du bricolage, avec ciseaux et colle spéciale. Gérard en connaissait déjà un rayon sur le sujet. De ce terreau créatif et de ce goût prononcé pour l'art de la dérision naît leur amitié. Ni une ni deux, Gérard pousse à son tour la porte de l'atelier théâtre du professeur Fontaine et Michel participe à la prochaine production des Films Julamiche, pour le court-métrage intitulé *Dagrau*.

Plus précisément, Gérard est venu me rejoindre dans l'atelier théâtre du lycée parce que ça l'agaçait d'entendre le professeur dire : « Nous allons laisser partir l'artiste qui va répéter. » Il se disait que lui aussi était un artiste. Et à juste titre d'ailleurs ! Il s'intéressait beaucoup plus au cinéma qu'au théâtre à l'époque. Et ça lui a plu de jouer la comédie. L'atelier lui en a donné le goût, ce qui ne lui a pas enlevé celui de la mise en scène. La preuve, il a fait beaucoup plus de films que moi. »

Le piano n'a pas disparu du quotidien de Michel Blanc, malgré l'appel de la scène. Il s'exerce de longues heures à la maison, faisant et refaisant ses gammes inlassablement, en particulier sur Chopin dont il massacre gentiment les œuvres. Durant cette période d'adolescence déjà perturbée,

Janine Blanc tombe malade, laissant son fils face à la peur de l'inconnu.

Ma mère a failli mourir. J'ai vraiment cru qu'elle était condamnée. C'était très dur à vivre.

Elle suit une radiothérapie sévère qui la fragilise.

Le temps a paru si long avant de se rendre compte qu'il n'y avait pas de récidive. J'avais toujours très peur. Dès que je l'entendais tousser la nuit, je me disais que ses poumons étaient pris.

Le cancer ne l'a pas emportée, mais Michel Blanc a définitivement quitté l'insouciance de l'enfance. Comme si cet épisode avait déclenché quelque chose en lui, il balaye du revers de la main les angoisses parentales liées à son souffle au cœur. Cette adolescence est décidément un épouvantable calvaire.

Le soir après les cours, quand je reprenais ma mob pour rentrer à Colombes, je savais que j'allais retrouver cette très belle vue sur le cimetière que nous avions depuis la rue Salvador-Allende. Et là, chez moi, je m'ennuyais comme un rat. Les années Colombes ont été les pires.

Heureusement, il y a le lycée, et les filles du lycée ! Car, comme tous les garçons de son âge, Michel est obsédé par les filles… Sauf qu'elles aiment plutôt les armoires à glace et pas les freluquets qui perdent leurs cheveux. Dans une forme de rébellion intérieure, il se met au sport et à la musculation. Il espère bien un jour exister dans le regard de ces demoiselles qui l'ignorent. Chose faite à seize ans avec sa première petite amie…

De 1968, l'histoire de France a retenu le soulèvement des étudiants sur le pavé parisien au mois de mai. Chez les Blanc, où le gaullisme fait foi, les « événements » n'ont qu'un lointain intérêt sans réelle prise sur le quotidien. Le temps des révolutionnaires sonne bien, par contre, jusqu'à Pasteur, mais un tout autre événement va sceller à jamais l'avenir du cinéma populaire tricolore. Christian et Thierry, les amis de Gérard, ont décidé de monter *Zoo Story*, une pièce en un acte de l'Américain Edward Albee. Ils sont depuis peu inscrits tous les deux au cours de Vincent Kaldor à la MJC de Neuilly, un lieu où le théâtre expérimental en vogue trouve de nouveaux initiés. Ce drame surréaliste a été joué trois ans plus tôt au théâtre de Lutèce, avec Michael Lonsdale et Laurent Terzieff dans les rôles principaux. Christian et Thierry s'attaquent à du sérieux et, ils en conviennent, ils ont besoin d'une première partie car l'œuvre est bien trop courte pour être présentée seule. Alors, naturellement, ils se tournent vers Gérard qui déniche rapidement les textes de *L'Échappée belle* de Romain Bouteille et les propose à son copain Michel. Leur duo fonctionne bien, à en croire les premières réactions du public de leurs répétitions. Pour dire la vérité, ils ne comprennent pas toutes les subtilités de ce qu'ils jouent, mais puisque leurs spectateurs se marrent…

Christian est plutôt partant, mais il préfère quand même que le duo comique passe devant Thierry. Rendez-vous est donc pris entre les adolescents au domicile des Lhermitte.

Ils habitaient un duplex au rez-de-chaussée. La chambre de Thierry était au premier étage. Elle n'était pas très grande. Je le revois avec Christian assis sur son lit une place. Ils voulaient voir nos sketchs, mais ils connaissaient déjà Gérard qui avait été en classe avec eux. Non, celui qu'ils allaient juger, c'était moi. Même si nous nous étions croisés, je ne les connaissais pas tant que ça. J'ai passé ce jour-là une vraie audition ! Et on a accroché tout de suite.

À seize et dix-sept ans, Michel Blanc, Gérard Jugnot, Thierry Lhermitte et Christian Clavier sont réunis pour la première fois. Le spectacle qu'ils donneront sur la scène de la MJC de Neuilly sonne les trois coups du groupe.

Peu de temps après, ils récidivent et participent à un festival de théâtre lycéen. Le texte qu'ils vont présenter ensemble n'est pas celui d'un dramaturge aussi réputé qu'Edward Albee, mais de Michel lui-même. L'argument de *La concierge est tombée dans l'escalier* est résumé par l'auteur lui-même dans le programme remis aux spectateurs du TEP : « Sous un aspect quelque peu bouffon, j'ai tenté de stigmatiser tout ce qui dans la vie m'exaspère (ma sincérité est entière dans ce domaine). Si j'avais à lui donner un sous-titre, je choisirais : “Courte farce sur un prétexte dramatique et tragique”. Quant à la trame elle-même, la voici résumée en quelques mots : L'accident dont une pauvre concierge, qui telle l'Arlésienne ne sera jamais présente sur scène, est victime, réveille l'égoïsme qui dort (pas bien profondément, il faut l'avouer) dans le cœur de quatre de ses locataires, et cela sous quatre aspects différents. Ainsi, quatre types d'égoïste ont été peints, qui se peuvent aisément rencontrer chaque jour. Votre voisin appartient certainement à l'un de ces types : peut-être même… Mais je m'égare… » Bouzier est incarné par Thierry, Monchalon par Gérard, Lecorgne par Christian et Tronchard par Michel qui manie l'art du verbe avec une aisance déjà mature. Il aime tourner en dérision les pires horreurs qui sommeillent en chacun de nous.

La carrière internationale de cette pièce inoubliable m'a échappé. Le texte a disparu pendant la guerre ! Elle fait partie des oubliées de l'histoire, même s'il reste des photos de Gérard en ancien combattant qui montre ses décorations à Dieu en priant... Au début, l'écriture n'était pour moi qu'un divertissement pour me marrer alors que la musique était ma passion.

D'ailleurs, à la toute fin de *La concierge est tombée dans l'escalier*, la mort frappe au son du *Requiem* de Mozart. En même temps que se joue la première « création » du groupe, Michel Blanc écume inlassablement les salles de concert pour applaudir les œuvres de Brahms et de Beethoven avec un autre copain du lycée, pianiste lui-même.

Plus généralement, l'orientation scolaire de Michel Blanc a de quoi surprendre. Il a entamé une série C (scientifique) alors que tout portait à croire que ses passions le conduiraient en série A (littéraire). Il réalise son erreur aux portes de la terminale.

Comme ma tante, que j'aimais beaucoup, travaillait chez Thomson, j'avais gardé en tête le métier d'ingénieur électronicien. Alors, quand mes parents m'ont proposé de faire des langues, j'ai dit que ça ne servirait à rien pour mon avenir. Il fallait plutôt que je fasse des sciences... J'ai donc fait une connerie. À la fin de la première, je leur ai dit que ça commençait à m'ennuyer sérieusement. À la limite, j'étais bon en physique et chimie, mais j'atteignais péniblement la moyenne en mathématiques. Leur côté abstrait m'avait largué. Ce n'est pas ma manière à moi d'être concret. J'ai donc dit à mes parents que je voulais passer en littéraire. Je revois encore le professeur de maths que mes parents avaient demandé à voir pour discuter de mon orientation. Il s'était emporté : « Qu'est-ce qu'il va aller faire du blabla en littéraire ?... Il l'aura son bac ! Il ne l'aura pas avec mention, mais il l'aura ! » Je lui avais répondu que je ne voulais plus continuer. Et lui de conclure : « Eh bien, si vous voulez aller faire du blabla alors... allez en lettres ! »

Au bac, la philosophie lui permet de décrocher un 16/20 avec ce sujet : « Y a-t-il quelque chose qui vaille qu'on y sacrifie son bonheur ? » Dans sa copie, Michel Blanc respecte le cadre institué de la thèse et de l'antithèse pour mieux amener sa propre analyse. Il donne d'abord la définition du bonheur et l'oppose à celle du plaisir pour conclure par ces mots : « Rechercher le bonheur est contradictoire. » Sans s'être jamais considéré comme le meilleur apprenti philosophe de sa classe, il endossera près de quarante ans plus tard les habits du professeur Martineau dans *Nos 18 ans*, sans révéler s'il avait été plus proche dans sa propre jeunesse de son personnage ou du héros du film, le timide et trop sincère Lucas.

Université, piano, Tsilla Chelton et *J'vais craquer*

« Je me suis dit que la filière classique ne voulait pas de moi ! »

À l'heure du choix, Michel s'inscrit en fac de lettres à Nanterre. Devenu lecteur assidu de Flaubert, il envisage dorénavant une carrière dans l'enseignement. Son professeur de terminale lui a donné le goût de la littérature.

Il nous a fait tenir six mois sur les Essais *de Montaigne sans être chiant avant de nous faire découvrir Saint-John Perse ! Il était en tout point passionnant. Je me souviens grâce à lui de phrases entières qu'il citait : « Azur ! Nos bêtes sont bondées d'un cri ! Je m'éveille, songeant au fruit noir de l'Anibe dans sa cupule verruqueuse et tronquée... » Dix ans plus tard, j'ai fait dire la même phrase à Christian Clavier dans* Les Bronzés. *J'ai quand même dû le forcer un peu... Dans la scène, il rentre dans l'eau avec un string en citant du Saint-John Perse... J'aime encore beaucoup l'idée !*

Dans le groupe des copains, Thierry Lhermitte a opté pour les mathématiques, Christian Clavier la prépa de

Sciences Po, et Gérard, après son service militaire, les études théâtrales à la fac de Censier.

Tout le monde avait dans l'idée d'être comédien. Gérard le voulait tellement qu'il a refusé son sursis et qu'il est parti faire son service. Il pensait avoir un piston pour entrer au service cinématographique des armées parce que le père d'un de ses copains, qui avait été scout avec lui, était militaire de haut rang. Et le piston a foiré… Il s'est retrouvé chauffeur aux Invalides !

Entre-temps, leur petit groupe a été rejoint par Marie-Anne Chazel, une élève du cours secondaire situé en face du lycée Pasteur. La jeune fille avait été repérée par Christian sur la scène de la salle Saint-Pierre de Neuilly un peu avant les épreuves du baccalauréat. Elle était sortie avec un copain de Thierry avant de se rapprocher de la bande.

À la fac de Nanterre, les nouvelles théories d'enseignement laissent rapidement Michel Blanc aussi perplexe que ces tables installées en U. Les cours se suivent et se ressemblent pendant les deux années de DEUG. Les professeurs distribuent des poèmes de René Char puis donnent la parole aux étudiants.

On passait notre temps à écouter des gens qui n'avaient rien compris.

Son diplôme en poche, il comprend qu'il ne sera jamais professeur.

À la même époque, Michel choisit de se consacrer entièrement à la musique. Il caresse depuis longtemps le rêve de faire du piano l'instrument de ses émotions. Alors, sept heures par jour, il travaille les arpèges et son solfège avec obstination, pour rattraper le temps perdu. Chaque heure compte un peu plus que la précédente dans cette course contre la montre. Il reste enfermé dans sa chambre entièrement tapissée de liège pour absorber les sons. Ses parents ont opté pour cette solution de fortune plutôt que d'avoir les voisins sur le dos. Comme un fou tout dévoué à son art, Michel s'entête à mesure qu'il se referme sur son entêtement. Sauf que les mois passent et qu'il se rend bien compte que les progrès ne suffisent pas. Après de longues hésitations et débats intérieurs, il prend sa décision sur un coup de tête et referme le couvercle de son instrument. Lui qui ne décrochait plus un mot à table depuis des semaines annonce solennellement à ses parents qu'il arrête tout. Il a décidément commencé le piano trop tard. Il n'a pas le choix. Sa douleur vaut celle d'une rupture sentimentale. Que faire maintenant ?

Il n'a pas perdu de vue Gérard, Christian, Thierry et Marie-Anne, qui suivent depuis quelques mois les cours de théâtre de l'actrice Tsilla Chelton, rencontrée au lycée Pasteur dans le cadre de l'atelier. L'interprète d'Eugène Ionesco a pris l'habitude d'accueillir ensuite ses élèves dans son appartement situé près de la fontaine Saint-Michel. Dans son for intérieur, Michel voudrait rejoindre ses copains pour combler le vide laissé par l'abandon du piano, mais il n'ose pas encore l'exprimer. Il ne ressent pas non plus tout à fait ce même besoin du groupe qu'eux. Ce fils unique n'a pas appris à partager aussi facilement ses sentiments et l'idée même de troupe ne l'enchante guère, avec ses rites et ses règles auxquels il n'aspire pas totalement à se plier. Alors au lieu de les retrouver directement, il s'inscrit d'abord chez Jean-Laurent Cochet, sur les conseils de son amie Béatrice Agenin. Michel s'attaque aux scènes du répertoire pendant que ses camarades dissertent sur le phrasé chez Tsilla Chelton. Il emprunte la voie d'une forme de théâtre plus conservatrice qui semble lui correspondre sur le papier, mais l'expérience Cochet ne va durer que trois mois. Il tente ensuite le concours pour la Rue Blanche.

Éliminé au premier tour… Je me suis dit que la filière classique ne voulait pas de moi !

Gérard, Christian, Thierry et Marie-Anne respirent déjà depuis un moment l'air des cafés-théâtres qui pullulent dans Paris au début des années 1970. Dans le sillage de Mai 68, Romain Bouteille, dont Michel Blanc a travaillé les textes à l'atelier théâtre de son lycée, a fondé avec Patrick Dewaere, Sotha et Miou-Miou un des premiers cafés-théâtres, le Café de la Gare, devenu le porte-drapeau d'une génération nourrie de Nouvelle Vague et d'idéaux libertaires. Malgré leur nom, les cafés-théâtres n'étaient plus nécessairement des bars qui présentaient des artistes dans leur arrière-boutique. Non, l'expression représentait toutes les troupes de jeunes comédiens qui avaient sciemment fait sauter les verrous du théâtre traditionnel pour créer à peu près n'importe où de petites salles dans lesquelles ils exprimaient leur pensée sur des textes écrits (et improvisés) de leurs mains. La fracture entre cette jeunesse éprise de liberté et des aînés baignés dans la convention du grand théâtre a donné naissance à cet élan. Ils étaient proches de leur public et souvent utopistes, même s'il ne s'agirait pas de restreindre le champ du café-théâtre aux seuls marxistes et anarchistes.

Un samedi de 1971, Gérard et la bande se donnent rendez-vous à Montparnasse, et plus précisément au passage d'Odessa, pour assister à la nouvelle expérience du fameux Café de la Gare : *Des boulons dans mon yaourt.* Ce spectacle-là est leur déclencheur à tous. Devant tant de complicité, de rires et d'improvisation, ils comprennent que s'ils veulent un jour prendre ce train, il leur faut jouer tout de suite. Rien ne semble impossible puisque d'autres ont bien réussi avec trois sous en poche, quelques planches pour construire une scène et une roue de fête foraine à tourner pour fixer le prix d'entrée… Et, bien que Tsilla Chelton leur répète qu'il y a un temps pour apprendre et un autre pour exercer, les garçons veulent se frotter au regard du public. Exister.

Pour ce faire, ils écrivent une suite de sketchs réunis sous le titre à rallonge de *Non, Georges, pas ici ! Ou le hérisson démoniaque ou les espions du consortium ou fromage ou dessert.* Quant au nom de leur troupe, ils optent pour « le théâtre Laturlute ». Le lieu même de leur spectacle inspire le fil conducteur de ce premier essai « semi-professionnel ». Il s'agit du Poteau, situé au 6, rue de la Banque dans le IIe arrondissement. Pourquoi le Poteau ? Tout simplement parce qu'un poteau se dresse sur la scène ! Autour de Gérard, Christian et Thierry, Isabelle de Botton (rencontrée peu avant) joue Pierrette, qui passe son temps à vouloir retirer le fameux poteau qu'elle trouve si laid entre les sketchs… « Pierrette et son poteau laid »… Ils ont emprunté ce jeu de mots à la fable de La Fontaine « La laitière et le pot au lait ». Avant cette chute attendue, Gérard Jugnot installe son sketch signature, dit « du Petit proverbe ». Autour de la phrase « Rien ne sert de courir, il faut partir à point » qu'il est incapable de prononcer correctement, il fait rire aux larmes le public durant des minutes entières. Michel n'est pas monté sur le plateau du Poteau. Il fait toujours acte de présence sur les bancs de Nanterre. En revanche, il a composé pour ses copains « La complainte du grutier » et participé à la mise en scène.

Sur ma grue, je vois les étoiles
On m'appelle le poète du chantier
Je plane sur les vapeurs de gas-oil
Je suis grutier, c'est mon métier
Mais je l'aime, moi, ma grande rouge
J'suis pas d'ceux qui font qu'à l'exploiter
Ça m'émeut quand ses p'tites poulies bougent
Je suis grutier, c'est mon métier

Et puis vient le temps des vraies retrouvailles entre les quatre compères du lycée Pasteur. Son DEUG de lettres en poche, une année de piano dans les doigts et quelques cours de derrière lui, Michel Blanc pousse enfin la porte de Tsilla Chelton. Il ravale ses vaines hésitations et suit assidûment les leçons de l'artiste comme tous les autres, au moins trois fois par semaine. La maîtresse des lieux ne compte pas ses heures, et ses élèves peuvent arriver le midi et ne repartir qu'à la nuit tombée après avoir répété en faisant la vaisselle ! Sa formation durera trois ans, contre quatre pour les autres.

Au côté de la professeure, ils comprennent la définition du métier de comédien. Même si elle perçoit assez vite le potentiel de chacun de ses élèves, Tsilla Chelton tient à leur faire comprendre que rien ne sert de brûler les étapes. Ici, nulle question de talent, mais bien de méthode. « Chacun a fait de lui-même son personnage, comme dans la commedia dell'arte[1]. » Avant d'en arriver là, il a fallu qu'ils se mettent à nu les uns après les autres. Dernier arrivé des garçons, Michel Blanc travaille d'abord Roméo pendant une année entière. « Il était très discret, renfermé, peut-être fragile et, je pense, préoccupé par son physique. Il avait besoin de sortir de lui-même, de prendre confiance[2]. » Deux ans plus tard, il aborde le rôle de Richard III.

J'ai travaillé pendant six mois le début de la pièce de Shakespeare. « Donc, voici l'hiver de notre déplaisir changé en glorieux été par ce soleil d'York. » Tsilla m'arrêtait dès le premier mot. Ce « Donc » était difficile à jouer parce qu'il est censé résumer quelque chose alors qu'il s'agit de la première scène de l'acte I. Après un petit temps de concentration, je recommençais et Tsilla me disait, assise dans son canapé : « Non, mon petit chou, reprenez ! C'est dans les bottes. Attaquez, attaquez ! Envoyez ! » J'ai donc passé un mois et demi sur un mot. Ensuite j'ai travaillé la phrase, puis l'ensemble de la tirade. Je ne suis jamais allé au bout de la première scène !

Bien que pressés comme des citrons par cette femme à poigne, tous en redemandent. « Ce qui a fait leur force, c'était d'être groupés depuis le début. Ils ont abordé le travail de comédien ensemble. Ils se sont épaulés. Ils sont peut-être négatifs tout seuls, mais ensemble, c'est quelque chose de très positif[3]. »

1. Tsilla Chelton, « Les Bronzés du Splendid », Antenne 2, 1980.
2. *Idem.*
3. *Idem.*

Durant ces mêmes années, le théâtre Laturlute s'est transformé en compagnie de la Louche avec la mise en chantier d'un nouveau spectacle : *J'vais craquer (ou c'est pas parce que l'on a rien à dire qu'il faut fermer sa gueule).* Thierry, Christian et Gérard rappellent Vincent Kaldor pour tenter une percée plus remarquée dans le milieu. Après la MJC de Neuilly et le Poteau, il les entraîne jusqu'à la rue Monsieur-le-Prince, dans le VIe arrondissement. À cette adresse, le restaurant La Candelaria possède une cave voûtée d'une petite cinquantaine de places qui transpire la sangria. Son patron, Miguel Arocena, s'est improvisé directeur de salle et accueille déjà des troupes dans son « café-théâtre de l'Odéon ». En revanche, il ne reste plus qu'un seul créneau horaire disponible, celui de 23 h 30. C'est à prendre ou à laisser. Autant dire que pour faire venir le public, il va falloir redoubler d'intelligence. À l'affiche, le nom d'Isabelle de Botton est remplacé par celui de Fabienne Barbey, une comédienne que Thierry a connue chez Tania Balachova, un cours en vogue auquel il assiste en plus de celui de Tsilla Chelton. Sa meilleure copine, Valérie Mairesse, ne la suit pas de très loin, tombée dans les bras de Thierry…

J'vais craquer est une succession de sketchs dans lesquels les compères manient la dérision au-delà du raisonnable, avec en ouverture une parodie d'« Hare Krishna » tout à fait dans l'air du temps, suivie par le cours d'un professeur de géographie foncièrement raciste ou une séance de drague à la plage. Et puis Gérard installe son appareil de diapositives et projette des photos de vacances extraites de sa collection familiale.

Ce sketch était vraiment un grand moment d'anthologie de conneries. C'était à qui lancerait le truc qui ferait le plus marrer Jugnot, qui tentait de suivre le canevas derrière la machine.

Et puis, surtout, chaque jour aux alentours de minuit, le refrain de « Guantanamera » monte du rez-de-chaussée où le dîner de Miguel bat son plein. Que la cave soit à moitié vide ou presque pleine, il faut éviter à tout prix que le public y prête trop d'attention, sous peine de le perdre carrément... Ils enchaînent donc les répliques sans perdre une demi-seconde de trop pour provoquer le rire et couvrir les airs sud-américains. Ils ont compris dans cette cave l'importance primordiale du rythme !

Fabienne Barbey quitte l'affiche après quelques mois faute d'avoir vraiment trouvé sa place, laissant ses personnages à Marie-Anne qui abandonne elle-même la régie à Valérie, toujours l'amoureuse de Thierry. Michel Blanc n'a pas encore de rôle défini dans les sketchs, mais il compose encore une fois la musique du spectacle et veille sur la mise en scène.

DEUXIÈME PARTIE

Le groupe

En Belgique, *Ma tête est malade*, Le Splendid, *Que la fête commence*

« On n'a pas gagné un rond, mais on s'est bien marrés »

Dans le Landerneau du café-théâtre, tout le monde s'observe et dès qu'une nouvelle troupe connaît un succès même modeste, les autres viennent immanquablement y jeter un coup d'œil averti. Ainsi Sotha, Miou-Miou, Patrick Dewaere et l'équipe du Café de la Gare ont vent d'un spectacle nommé *J'vais craquer* et de cette troupe de joyeux camarades qui sévit en sous-sol à des heures indues. Une autre jeune fille ne mâche pas non plus ses mots un peu plus tôt dans la soirée à la même adresse. Elle s'appelle Josiane Balasko et partage la minuscule scène avec son amie Maryse Frenkel dans *Quand j'serai grande, j'serai paranoïaque*. Elle n'a pas le physique d'une jeune première et chacune de ses sorties fait l'effet d'une petite bombe auprès d'un public comme pris par surprise. Les copains de la compagnie de la Louche et les filles trinquent parfois à La Pinte, le bistrot d'à côté où pianote aussi un certain Jacques Delaporte, futur tenancier du Grand Orchestre du Splendid. Ils rêvent de jours plus glorieux. L'argent ne coule pas à flots pour les débutants, loin de là. Tous les moyens sont donc bons pour subvenir aux besoins élémentaires, petits boulots comme tournées improvisées.

Pendant l'été 1973, ils participent au festival de Gigondas, sans Michel. Ils empruntent ensuite tous ensemble pour la première fois les routes de la Belgique, à l'invitation de Philippe Van Kessel, pour une résidence à l'Atelier Sainte-Anne, à côté de la place du Grand Sablon à Bruxelles.

On n'a pas gagné un rond, mais on s'est bien marrés. C'était en pleine crise pétrolière. Je me revois en discuter avec Christian dans sa voiture ! Nous étions en train d'écrire notre nouvelle pièce.

Ils s'en reviennent à Paris avec leur prochain spectacle conçu à l'unisson : *Ma tête est malade*.

Au lieu de s'enfermer à nouveau dans le sous-sol de La Candelaria, le groupe a entendu les conseils de leurs parrains du Café de la Gare. Au 18 de la rue d'Odessa, une pizzeria a fermé ses portes. Le quartier se trouve en pleine mutation depuis que l'édification de la plus haute tour de Paris a été actée par les autorités. D'ici deux ans maximum, tout aura été rasé puis reconstruit. En attendant, jouer dans ses propres murs apparaît comme une évidence. À proximité existe déjà Le Lucernaire de Christian Le Guillochet et Luce Berthommé. Et si Le Café de la Gare déménage au 41, rue du Temple de l'autre côté de la Seine, Coluche, qui n'a pas suivi ses anciens compères après une brouille avec Romain Bouteille, en réunit d'autres autour du Vrai Chic parisien (dont Philippe Bruneau, Claire Nadeau, Christine Dejoux, Martin

Lamotte et Roland Giraud). Sauf que ni Michel, ni Gérard, ni Christian n'ont tout à fait les moyens de financer l'opération. Grâce au soutien de Miou-Miou ou de Coluche, le propriétaire des locaux du passage d'Odessa, Ben Saoud, accepte l'affaire à condition de faire moitié-moitié sur les recettes des jeunes. Ainsi peuvent démarrer les travaux du premier « Splendid », un nom qui claque comme celui d'un cabaret des années 1930.

Plusieurs mois durant, le groupe manie la perceuse et les pinceaux pour faire de cette ancienne trattoria un théâtre acceptable pour cent cinquante spectateurs maximum. Ils récupèrent des parpaings, des cheminées et autres monceaux de briques pour faire les assises. Les fessiers téméraires se rassurent en ne voyant que la fine mousse qui les recouvre avant de constater la dure réalité. Plus délicat, il faut aussi casser un mur porteur et poser un IPN, une poutrelle pour solidifier l'édifice et reconfigurer ce lieu en une vraie salle de spectacles. Le bricoleur en chef Jugnot n'a pas oublié ce jour : « Notre soulagement a été grand de voir que la maison ne s'est pas écroulée. À ceci près que nous avons été contraints d'aider le locataire du dessus à scier les portes de son appartement qui ne fermaient plus parce que son sol ressemblait désormais à une cuvette[1]. »

Fin mai 1974, le public découvre *Ma tête est malade, pièce pute en trois actes*, sur une mise en scène de Michel Blanc et une musique de Jacques Delaporte. Le décor est planté dans une agence immobilière, théâtre de toutes les

1. Gérard Jugnot, *Une époque formidable : mes années Splendid'*, Paris, Grasset, 2016.

magouilles possibles et imaginables. La troupe dorénavant dite « du Splendid » surexploite les codes du boulevard pour mieux les détourner, allant jusqu'à brandir face au public un panneau « applaudir ». Les spectateurs n'ont pas besoin d'en recevoir l'ordre tellement le délire est permanent. Les portes claquent à tout va, dans la plus pure des traditions, au grand dam de Gérard Jugnot qui les a fabriquées puis fixées de ses mains expertes à l'aide de charnières placées sous haute surveillance. À chaque sortie de scène, les murs en plâtre tremblent dangereusement et menacent l'édifice. Tout le monde aurait préféré un décor en bois, mais la sécurité incendie le leur a interdit. Alors, le chef de chantier a poussé le vice jusqu'à donner une leçon à toute la troupe en matière d'ouverture et de fermeture de portes afin d'éviter des dégâts inévitables. Peine perdue… Plus il fait d'efforts, et moins les copains obéissent ! Toutes les occasions sont bonnes pour plaisanter. Ils restent à l'affût de la moindre connerie, comme creuser des petits trous dans le fameux plâtre histoire de guetter les spectateurs des premiers rangs. Au moindre bâillement, les garçons sortent leurs sarbacanes bricolées avec des Bic et balancent des grains de riz à la figure de la victime ahurie.

Un jour, Gérard a pété les plombs. On s'ennuyait tellement, Thierry et moi, qu'on inventait des trucs pour le faire rire en scène. Et il était fou furieux. On a foutu en l'air une représentation parce qu'il y avait une connerie par scène. Au bout d'un moment, il n'en pouvait plus et n'arrivait plus à dire son texte. Gérard pleurait de rire nerveusement. À la fin, il a hurlé et a failli nous casser la gueule ! Quand Gérard se met en colère, il est très impressionnant.

Pendant plusieurs mois, un autre terrain de jeu pousse les camarades jusqu'aux ultimes retranchements de la dérision. La RTBF Namur les a engagés pour une séquence diffusée tous les dimanches. Les sketchs sont enregistrés dans la salle à manger des parents de Michel Blanc transformée en véritable studio.

Ça les faisait marrer. Les textes étaient écrits à la hâte. Certains sentaient la hâte d'ailleurs.

La radio belge envisage après quelques émissions de les propulser en direct à l'occasion du « Batibouw », le salon annuel du bâtiment à Bruxelles. Le média a pris ses précautions pour éviter tout dérapage : en Belgique, pas question de se moquer du roi ou de la religion. Leur séquence repose sur de vraies questions d'auditeurs persuadés d'avoir au bout du fil un spécialiste du bâtiment… Et cela donne ce genre de dialogue :

« J'ai des problèmes d'isolation… explique l'interlocuteur.
— Est-ce que vous avez essayé les coquilles d'huîtres ? C'est ce qu'il y a de plus isolant… répond Michel Blanc avec un aplomb formidable.
— Ah bon ?
— Oui oui, si vous recouvrez intégralement le mur de coquilles d'huîtres, ça fait un effet isolant. La seule chose, c'est de mettre les huîtres vivantes pour qu'elles collent. Et après, elles restent… »

Un délire en entraînant un autre, arrive l'appel qui provoque un fou rire si désastreux qu'il signera la fin de leur carrière radiophonique.

Une dame nous a dit, avec cet accent belge que j'adore : « Je suis handicapée à nonante pour cent et je fais des pieds et des mains pour arriver à... » Et là, on a explosé de rire en imaginant la scène. On a tenté de se justifier en direct en disant que notre fou rire était nerveux. On s'est tous sentis merdeux, mais on était fatigués. La RTBF nous a signifié que l'aventure était finie.

Après cette interruption hivernale pour cause de séjour bruxellois, *Ma tête est malade* est jouée jusqu'en juin 1975. De l'intrigue en elle-même, il ne reste plus que des souvenirs épars. Les contours du rôle tenu par Michel Blanc demeurent toujours flous. Tout juste se souvient-on qu'il interprétait un escroc en costume-cravate. La première œuvre du Splendid a tellement été aménagée et reconstruite... Il faut dire que les débuts sont difficiles, avec une salle à moitié vide après seulement quelques dates. Le groupe ne baisse pas la garde. Ils se réunissent tous les jours pour des séances d'écriture collégiales. Là, les idées fusent avant d'être testées grandeur nature après seulement quelques répétitions. Peu sont retenues après l'épreuve du feu, mais le spectacle évolue sans cesse en fonction des rires. Dans la foulée, le groupe rejoue son déjà classique *J'vais craquer* à 22 h 30. Côté tarif, la règle instituée est un dérivé direct de la célèbre roue du Café de la Gare, le hasard en moins. L'affiche annonce la couleur : « Réductions – surprises tous les jours ». Un soir, les rousses ne paient pas. Un autre, les hommes à lunettes. Et le lendemain, les chauves !

Il y avait une proximité entre nous tous à Odessa, bien au-delà de notre groupe parce qu'on allait voir les spectacles des autres aussi. Coluche avait un spectacle formidable. Il disait que c'était toujours pénible parce qu'on est obligé de manger tard quand on joue au théâtre... Alors, il a eu l'idée de faire un spectacle qui se passait entièrement pendant un repas ! Martin Lamotte a aussi créé Le Crépuscule des lâches. *Si nous étions plus proches de Coluche géographiquement, moi je rêvais d'entrer au Café de la Gare à ce moment-là. C'était la Comédie-Française, à mes yeux. Je me souviens de leur très belle adaptation du* Livre de la jungle, *avec ce côté Jérôme Savary sans les mêmes moyens. Je crois l'avoir vu des dizaines de fois. J'ai eu la chance de jouer ensuite avec Sotha, mais pas avec Romain. Je le regrette. Il me bluffait.*

Petit à petit la presse se fait l'écho des trouvailles du Splendid. « "Pièce pute", dit le programme, c'est vrai, mais c'est drôle », lit-on dans *Le Monde*. « Vous n'arrêterez pas de rire d'un bon grand rire qui fait du bien. Foncez-y », confirme Delfeil de Ton dans *Charlie Hebdo*. Loin d'afficher complet tous les jours jusque-là, Le Splendid attire immédiatement les lecteurs de l'hebdomadaire.

Parfois, il n'y avait que deux ou trois personnes dans la salle. Nous étions obligés de dire que le magnéto était en panne ou d'inventer une autre excuse parce que nous étions plus nombreux sur scène. Il ne fallait pas annuler trop souvent, sinon cela allait se savoir. Et puis un jour, Delfeil est venu. Le soir de la parution de son article, il y avait la queue devant notre café-théâtre.

Parmi les spectateurs, le groupe a aussi le mérite de susciter la curiosité de personnalités du métier, comme un certain Jean Rochefort.

Il avait recruté Lhermitte sur casting pour une publicité qu'il devait réaliser. Et Rochefort l'avait trouvé intéressant, au point de venir nous voir à Odessa. Il est ressorti du spectacle en disant : « Ah, il est baroque, Blanc ! » Il avait aimé tout le monde et il a parlé de nous à Bertrand Tavernier.

Guidé par son insatiable curiosité, Bertrand Tavernier se déplace jusqu'à Montparnasse. Après *L'Horloger de Saint-Paul*, le cinéaste et cinéphile averti prépare alors un film en costumes aux consonances contemporaines, qu'il intitule provisoirement « La Grande Dame du royaume », écrit avec Jean Aurenche. L'affiche définitive portera le titre *Que la fête commence...* Les lumières du Splendid à peine rallumées, le réalisateur demande aux quatre garçons leurs adresses et promet qu'ils se reverront très vite. « J'étais dans un état second. Il n'y avait pas comme chez Bouteille un sens de l'absurde, mais un sens de l'observation qui amenait un comique précis, poussé très loin, jusqu'à la dérision, et tout cela avec une vraie justesse[1]. » Il avait notamment été épaté par le sketch de la soirée diapos (qu'il réutilisera dans *Des enfants gâtés* un peu plus tard) et par *Le Proverbe* de Gérard Jugnot. Son projet nécessite de nombreux interprètes pour des petits rôles. Chacun aura donc eu le sien, dans des proportions plus ou moins importantes. En 1974, après un passage furtif dans *Les Filles de Malemort* de Daniel Daërt, Michel Blanc porte donc les habits du valet de chambre du petit Louis XV durant la régence du duc d'Orléans (interprété par Philippe Noiret), le temps d'une scène entière sous les ors et les moulures du début du XVIIIe siècle.

1. Interview de Bertrand Tavernier, Alexandre Grenier, *Génération Père Noël : du Splendid à la gloire*, Paris, Belfond, 1994.

J'avais juste une réplique de cinq lignes. À la cantine à midi, je m'assieds tout seul en bout de table. Et d'un seul coup arrivent à ma droite Rochefort et à ma gauche Noiret. Je n'en menais pas large !

À la sortie du film, Marcel et Janine Blanc se précipitent au cinéma pour voir leur fils sur grand écran, mais ils ne le reconnaissent pas sous sa perruque ! Gérard Jugnot n'a pas ce problème, toutes ses scènes ou presque ont été coupées au montage. Il se rattrapera dans les films suivants… Jean-Pierre Marielle complète la distribution de ce long-métrage bouillonnant, récompensé par quatre Césars.

À l'époque, le cinéma frappe à la porte de tous les cafés-théâtres, comme pour y trouver une bouffée d'air frais. Ces lieux deviennent peu à peu le vivier où les cinéastes des nouvelles écritures dénichent des jeunes talents actuels, à rebours de leurs aînés qui s'en remettent aux conservatoires. L'un des premiers à convier cette génération est Jacques Doillon, avec son *An 01* qui correspond si bien à son époque, adapté de la bande dessinée de Gébé. Il montre l'avènement d'une nouvelle ère après que le monde a décidé d'abandonner le travail et l'économie de marché, au son du slogan : « On arrête tout, on réfléchit, et c'est pas triste. » Au gré des résolutions pour constituer les règles élémentaires de ce Nouveau Monde utopique, on distingue Josiane Balasko, Romain Bouteille, Coluche, Christian Clavier, Gérard Depardieu, Gérard Jugnot, Jacques Higelin, Henri Guybet, Cabu, le professeur Choron, Delfeil de Ton, François Cavanna, Martin Lamotte… mais pas Michel Blanc.

Même si le grand écran n'est pas la priorité de tous, les cachets offerts pour une demi-journée de tournage constituent souvent l'équivalent de plusieurs semaines de représentations pour les jeunes artistes de Montparnasse. Sans virer au kolkhoze, le groupe du Splendid instaure plusieurs règles, dont la plus importante : il n'y a pas de chef et tout le monde est logé à la même enseigne au niveau de la répartition des recettes.

Au 10, rue des Lombards, *La Meilleure Façon de marcher, Je t'aime moi non plus, Le Pot de terre contre le pot de vin*

« Quand j'ai vu les images, je me suis trouvé épouvantable »

Le passage d'Odessa restant promis à la destruction, la question d'un nouveau lieu se pose encore une fois. Après le Café de la Gare, et comme la troupe de La Veuve Pichard (autour de Martin Lamotte et de Christine Dejoux), les copains du Splendid traversent la Seine pour visiter des locaux sur la rive droite. De ce côté-là, les commerçants du « Ventre de Paris » migrent tous vers Rungis, laissant à l'abandon nombre de magasins depuis que les halles ont été rasées. Marco Ferreri vient de tourner *Touche pas à la femme blanche !* dans le trou béant qui divise encore le Tout-Paris. Dans la rue des Lombards, près du Centre Beaubourg bientôt érigé, une ancienne mûrisserie de bananes est disponible non loin du no man's land. Évidemment, le local ne paie pas de mine. Il s'agit d'une sorte de couloir plus long que large dans un état très moyen, avec une verrière effondrée… La rue profite surtout aux dames de petite vertu. De prime abord, Michel Blanc se montre hésitant, mais l'enthousiasme de Thierry Lhermitte suffit à mettre tout le monde d'accord. Le hasard faisant bien les choses, les murs appartiennent à un certain monsieur Papillon, qui se trouve être le père d'un bon camarade de Pasteur disparu trop tôt accidentellement. Après avoir réuni l'argent nécessaire pour décrocher le bail, la nouvelle adresse du Splendid devient donc le 10, rue des Lombards. Et un nouveau chantier de démarrer, qui va durer… neuf mois !

Gérard Jugnot dirige les travaux en vrai maître d'œuvre. Dans un reportage diffusé par Antenne 2 à l'époque, on le voit organiser la visite des lieux qui sont encore loin d'être en mesure de recevoir du public. Il proclame non sans une certaine fierté que « les théâtres ferment et les cafés-théâtres ouvrent ! » Pour lui, le secret de ce succès vient de la proximité des acteurs avec le public, aussi bien sur le fond que sur la forme. Les copains de La Veuve Pichard, venus leur prêter main-forte, ne disent pas le contraire. À l'image, Michel Blanc est volontairement caché dans un renfoncement derrière une planche, comme par méfiance, tandis que Christian fait semblant d'uriner contre le mur… Ceux-là n'ont sans doute pas été les ouvriers les plus émérites, non que la motivation leur ait manqué, mais peut-être plutôt les capacités ! Les longues journées se suivent et se ressemblent au local, parmi les sacs de ciment, le bruit du marteau-piqueur et des chalumeaux, et les coups de pinceaux. Mais le climat se tend aussi parfois. Car pendant qu'ils creusent et construisent leur nouveau théâtre, ils ne sont pas sur scène. Commencer sa carrière par de si longs mois sans être à l'affiche n'est pas fait pour remonter le moral. Le doute s'installe. Tous vont donc prendre l'air pour le moindre engagement au cinéma, à la télévision ou même dans la publicité, un gagne-pain franchement plus intéressant d'un point de vue bassement matériel. En cette année 1975, Michel Blanc et Marie-Anne Chazel forment un couple de Français moyens à l'heure du déjeuner pour vanter les produits de la marque Saury, spécialiste des conserves de poissons « sans queue ni tête »... Michel apparaît aussi sur les écrans dans un spot pour le chausseur Eram. Aucun membre de la troupe ne peut se permettre de refuser le moindre engagement, aussi maigre et peu intéressant soit-il.

Tous les six profitent aussi de cette période pour tourner *Le Bol d'air* (*d'après un pique-nique merdeux de Madame Mince* pour le titre complet) avec un certain Charles Nemes. L'ancien président du ciné-club du lycée Pasteur est resté en contact avec ses anciens camarades. L'année précédente, il a déjà réalisé *Bonne présentation exigée*, avec Gérard, Christian et Michel autour d'un entretien d'embauche qui tournait à la dérive... Écrit collégialement, *Le Bol d'air* les réunit pour la première fois tous ensemble dans le même cadre. Ce court-métrage d'une douzaine de minutes met en scène quatre garçons (Gérard, Michel, Thierry et Christian) et deux filles (Marie-Anne et Valérie) qui quittent la ville pour aller pique-niquer en rase campagne. Évidemment, la journée est ponctuée de ces instants délicats et autres reparties cinglantes qui font tout le sel du Splendid, comme lorsque Gérard s'allonge à côté de ses copains qui matent ces demoiselles en pleine séance de bronzage et s'écrie : « J'ai une chiasse... » Puis en passant de la crème solaire dans le dos des filles, Michel Blanc ne retient pas ses doigts qui furètent jusqu'à l'entrejambe de Valérie et de Marie-Anne. Il a visiblement déjà du mal à conclure normalement ! Chacun des comédiens tient une place et un rôle précis, faisant de ce *Bol d'air* un précurseur des *Bronzés*, qui les rendra bientôt si populaires. La seule qui ne sera pas du film culte est Valérie... Devant la caméra comme sur la scène, elle joue pour l'instant les ingénues avec une facilité presque déconcertante. Toujours en couple avec Thierry Lhermitte, elle enchaîne elle aussi les courtes apparitions au cinéma, s'évadant comme les autres des gravats et du béton des Lombards à la moindre occasion.

Michel Blanc fait également des infidélités au chantier. Patrick Dewaere a suggéré son nom à un certain Claude Miller qui prépare son premier long-métrage. Il est à la recherche d'un acteur capable d'incarner un jeune moniteur dégageant assez peu d'équilibre. Une soirée au Splendid lui a suffi pour se convaincre que Michel Blanc a le physique de l'emploi. L'histoire de *La Meilleure Façon de marcher* replonge dans l'époque des colonies de vacances des années 1960. Claude Piéplu joue à merveille le rôle d'un directeur strict toujours prompt à s'emporter. Face à lui, Patrick Dewaere (Marc), Patrick Bouchitey (Philippe) et Michel Blanc (Raoul) campent l'équipe des animateurs. Atelier théâtre, activités sportives, repas au réfectoire : le sujet a de quoi paraître d'une banalité sans nom et pourrait donner lieu à une simple comédie bon enfant, sauf que Claude Miller ne cherche pas cet angle, mais joue sur les caractères et relations ambiguës entre les protagonistes, instillant un climat volontairement plus inconfortable que joyeux, car un soir Philippe est surpris habillé en travesti dans sa chambre par Marc. Or tout oppose ces deux personnages qui ont désormais en commun un secret à taire. Au milieu, Michel Blanc incarne « Deloux la lèche », le mono amateur du cinéma de Bergman en VO qui finit par se faire renvoyer à cause de quelques photos pornos…

Au soir des premiers jours de tournage, à l'heure de visionner les rushes, Michel Blanc s'enfonce dans son siège.

Quand j'ai vu les images, je me suis trouvé épouvantable. C'était une scène dans la cour. Je sentais mon malaise à l'écran. Je n'étais pas juste.

Il se persuade que Claude Miller finira bien par se rendre compte qu'il n'est pas à sa place. Lui en tout cas ne supporte pas encore de se voir à l'écran – toujours ce physique avec lequel il est entré en conflit depuis les premiers regards d'adolescent. Il va lui falloir du temps avant de tolérer tout à fait ce corps et s'en servir comme d'une planche d'appel pour façonner des personnages…

Mais le plus dur reste à venir. À la lecture du script, l'une des scènes situées dans la dernière partie du film ne précise rien de plus que cette indication laconique : « Il pique une crise. » Le jour venu, Claude Miller se tourne vers Michel Blanc après une répétition de Claude Piéplu. Il est l'heure pour Deloux d'entrer en piste.

Je ne voyais pas du tout comment jouer cette scène de la piscine, mais je ne voulais pas le dire à Claude. Je ne savais pas encore me servir de mon corps. Nous avons discuté tous les deux des placements et il m'a demandé si je voulais qu'on aille parler à l'écart dans le champ d'à côté. « Tu veux me montrer ce que tu vas faire ? » Je n'en avais aucune idée.

Alors, je me suis jeté à l'eau et j'ai répondu : « Non, je préfère faire ce qui me vient et on verra après. »

Quand le clap retentit, face au néant total qu'il ressent en lui, l'acteur se jette au sol, se crispe, jure, roule sur lui-même et frappe des pieds dans une valise, au point de se casser une côte ! Cet instant n'a rien de comique, il est même à mille lieues du cadre dans lequel il sera bientôt réduit trop rapidement.

Il y avait autant d'hystérie de la part du personnage que de l'interprète parce que l'acteur que j'étais était aussi au bord de la crise de nerfs. En plus, juste avant la prise, Dewaere s'était approché de moi et m'avait dit : « Tu vas la jouer comme ça ? » Je n'ai pas compris sur le coup ce qu'il voulait me dire, mais c'était très déstabilisant !

En mars 1976, *La Meilleure Façon de marcher* reçoit un très bel accueil et le nom de Michel Blanc est mentionné pour la première fois dans une critique, un moment forcément marquant.

Une petite semaine plus tard sort le premier film de Serge Gainsbourg, le célèbre *Je t'aime moi non plus*. Celui qu'on surnommera bientôt « l'homme à tête de chou » filme sa Jane Birkin avec un érotisme sauvage et provocant, bercé par une musique évidemment omniprésente. Michel Blanc incarne l'un de ces inconnus du bord de la route au début de l'essai cinématographique. Il traverse quelques plans depuis la remorque d'un camion-benne dans laquelle il a grimpé avec des amis auto-stoppeurs faute de mieux. L'engin s'arrête devant le café où travaille Jane Birkin, au milieu de nulle part… L'apparition de Michel Blanc se limite aux cinq premières minutes du film et à deux répliques prononcées la mèche au vent.

Le tournage de *Je t'aime moi non plus* suit de seulement quelques jours celui de *La Meilleure Façon de marcher.*

Ce film est formidable. Je n'avais pas compris à l'époque à quel point il était novateur. Le cinéma, ce n'est pas seulement raconter des choses réalistes pour des gens raisonnables. Pour moi, il a ouvert la voie à Beineix. J'ai eu ce rôle grâce à Margot Capelier[1]*. Elle m'a fait rencontrer Serge Gainsbourg qui m'avait trouvé un côté instable et très marginal, lui aussi. J'avais d'ailleurs conscience de dégager quelque chose de déséquilibrant. J'étais un jeune avec un physique sans âge… Je dois aussi à Margot une rencontre avec Joseph Losey. Il avait besoin d'un petit facteur à vélo. Un jour, elle m'appelle : « Bonjour c'est Margot. Vous savez faire du vélo ? – Oui… – Bon. Je vais vous prendre un rendez-vous avec Losey ! » J'ai eu ce rendez-vous dans le V*[e] *arrondissement, mais il ne m'a pas pris.*

Gérard Pirès également convie Michel Blanc devant sa caméra en cette même année, à la fois pour la comédie noire *L'Ordinateur des pompes funèbres* (avec Bernadette Lafont, Jean-Louis Trintignant et Mireille Darc) et pour la plus osée *Attention les yeux*, qui sortent entre février et avril 1976. Le réalisateur ne cache pas longtemps le but avoué de cette seconde production, à savoir rire et plus simplement montrer des filles à moitié nues, voire complètement. Depuis le triomphe d'*Emmanuelle* dans les salles obscures, l'érotisme se faufile jusque dans les moindres recoins de la comédie. Le scénario est construit autour d'un réalisateur (Claude

1. Marguerite Capelier, dite Margot Capelier, était une célèbre directrice de casting. Elle est décédée en 2007.

Brasseur) qui se voit obligé de tourner un film porno (mais intellectuel !) pour que sa *Chartreuse de Parme* voie le jour... Inutile de chercher le moindre soupçon de finesse, mais personne ne parle encore de vulgarité. Dans ces deux films, Michel Blanc ne fait qu'apparaître au second plan, comme du reste dans *Le Locataire* de Roman Polanski, quoique d'un tout autre calibre.

Après *Chinatown*, le réalisateur franco-polonais adapte l'œuvre de Roland Topor tout en incarnant le rôle principal, entouré par Isabelle Adjani et Bernard Fresson. Il joue l'archiviste Trelkovsky, qui emménage dans un appartement loué avant lui par une suicidaire... Dans un climat propice à l'absurde, au sordide et au délire paranoïaque grandissant, Michel Blanc sonne à la porte dudit locataire le temps d'une scène tournée dans les studios d'Épinay. Il est ce voisin en pyjama qui, sur le pas de la porte, exige qu'on baisse le son de la musique. Ce petit rôle de rien du tout n'en est pas moins une incursion de plus dans l'univers singulier et remarquable d'un cinéaste qui compte. En seulement quelques apparitions furtives, le musicien du Splendid a déjà tourné pour Tavernier, Gainsbourg, Miller ou Polanski, autant dire un cinéma d'auteur exigeant.

Bien qu'ils soient tolérés par le groupe du Splendid, ces va-et-vient inquiètent toujours un peu plus ceux qui restent rue des Lombards. Certains tournages éloignent les intéressés plusieurs jours d'affilée de la région parisienne. Les extérieurs de *La Meilleure Façon de marcher* se déroulent dans la région de Clermont-Ferrand, par exemple. Qui sait... Et si l'un d'entre eux préférait ne pas revenir au local un jour ? Personne n'ose le dire ouvertement, mais Le

Splendid ne constitue qu'une étape dans la carrière de la plupart d'entre eux. Depuis leurs premiers cours chez Tsilla Chelton, ils se sont toujours comportés en vrais professionnels et non pas comme de jeunes saltimbanques utopistes qui ne voient pas plus loin que le lendemain. La logique veut donc qu'un jour ou l'autre, voire bientôt, ce « collectif d'individualités » (selon l'expression de Gérard Jugnot) se fissure. De tous, Thierry reste celui qui a peut-être le moins d'ambition strictement personnelle à ce stade. Il ne fait aucun calcul autrement que pour le groupe, qui à ses yeux est comme une famille.

Chaque tournage modifie un peu plus l'équilibre du groupe. Fin 1975, Georges Lautner offre un second rôle à Valérie Mairesse et un autre à Gérard Jugnot dans sa nouvelle comédie au titre prometteur : *On aura tout vu*. Pierre Richard et Jean-Pierre Marielle occupent le haut de l'affiche, rejoints par Henri Guybet et Miou-Miou, tous deux de l'école du café-théâtre. Une partie de la production est prévue à Nice dans les studios de la Victorine. Gérard et Valérie s'éclipsent puisqu'ils ont leur place dans plusieurs scènes de ce scénario débridé qui voit Jean-Pierre Marielle dans la peau d'un producteur de films pornographiques s'apprêtant à tourner *La Vaginale*, le projet détourné du photographe François Perrin (interprété par Pierre Richard) qui rêvait de cinéma… Pour les besoins de l'histoire, Georges Lautner pose aussi sa caméra au Splendid pour une scène avec Christian, Michel et Marie-Anne Chazel dans leurs propres rôles, en répétition devant Pierre Richard, la star de ces années 1970. Un point de montage plus loin et la fresque ornant la façade du local apparaît sur le grand écran. Elle montre une file d'attente prête à entrer dans le théâtre du 10, rue des Lombards.

L'image le prouve, le nouveau théâtre est fini. Comme le couple formé par Lhermitte et Mairesse, restés trop longtemps loin l'un de l'autre… Déjà, l'équipe a été rejointe par Josiane Balasko et son compagnon Bruno Moynot. Leur arrivée a donné le dernier élan nécessaire au chantier. Avant l'ouverture, Josiane n'a peut-être repeint que les cabinets, mais Bruno a apporté une aide précieuse. Comme Gérard, il sait manier les outils et sa présence a donné le coup d'accélérateur que la troupe n'espérait plus. Dans les dernières semaines, il n'est plus question de compter sur la présence de Christian Clavier. Il a fini à l'hôpital pour une appendicite qui a frôlé la péritonite aiguë après s'être acharné sur l'installation de la trappe menant à la seule loge en sous-sol (accessible seulement par une longue échelle interminable en arrière-scène) ! Parmi les finitions, Michel Blanc se vantera quelques années plus tard, avec sa repartie coutumière, d'avoir monté les balustrades : « Un assemblage tenon et mortaise, et puis vis vissées à la parisienne. C'est-à-dire qu'on prend la vis et, comme on n'arrive pas au bout, on tape avec un marteau[1] ! »

À la sortie d'*On aura tout vu* à la mi-juin 1976, les représentations du nouveau spectacle de la troupe ont déjà démarré depuis plusieurs semaines. Commencés en plein été 1975, les travaux ne devaient prendre que deux mois et demi, trois mois tout au plus. L'ouverture a donc

1. « Les Bronzés du Splendid », Antenne 2, 1980.

été prévue pour la Toussaint, selon les plus optimistes du groupe… Au final, il faudra attendre avril 1976 pour que les portes s'ouvrent enfin, avec les premières représentations d'un nouveau spectacle, *Le Pot de terre contre le pot de vin*. En coulisses, la rupture avec Thiery Lhermitte entraîne inexorablement l'éloignement de Valérie Mairesse du Splendid. Plus rien ne la retient et le cinéma lui envoie des signaux favorables. Lorsqu'elle se décide à dire oui à Agnès Varda pour son film *L'une chante, l'autre pas* avec Thérèse Liotard, elle ignore que son départ forcé lui sera annoncé de manière plus officielle dès son retour du tournage. Au même moment, Josiane Balasko devient membre à part entière du groupe. Avec elle, d'autres comédiens auraient pu avoir leur place au même moment au Splendid, tel François Berléand, rencontré chez Balachova, qui a rejoint la garde rapprochée de Daniel Benoin à sa sortie du cours. La troupe connaissant des années de vaches maigres faute de subventions en ce début des années 1970, il décline l'invitation de sa copine Josiane à rejoindre le chantier de la rue des Lombards…

Côté lumière, la troupe du Splendid enchaîne les représentations du *Pot de terre contre le pot de vin* sans montrer l'ombre d'une inquiétude aux spectateurs venus déguster les gags et les situations au « glacier-théâtre ». Car Le Splendid fait aussi dans les cornets deux boules. L'indication orne même la devanture. Le groupe n'a pas oublié la tradition du café-théâtre qui veut qu'on offre une consommation au public… Ils ont choisi les glaces, en forme d'hommage au commerçant qui avait pignon sur la rue d'Odessa en face de chez eux, du temps déjà ancien de Montparnasse.

Aucun membre du groupe n'a malheureusement le coup de main du professionnel pour servir les cent quatre-vingts cônes quotidiens avec suffisamment de dextérité. La fausse bonne idée tombe donc à l'eau rapidement, presque aussi vite à dire vrai que les blagues de la nouvelle pièce… Ce spectacle d'ouverture aurait effectivement pu virer au fiasco si le groupe n'avait pas repris les choses en main à temps.

Écrite et répétée trop rapidement sur l'épuisement de la fin des travaux, la première version du *Pot de terre contre le pot de vin* dure près de trois heures sur un rythme en dents de scie. Le propos initial tourne autour de la succession d'un magnat des jeux de société, dont les héritiers tentent les uns après les autres de se faire remarquer avec des démonstrations farfelues, du jeu de cartes « Branli-Branlo » jusqu'aux « Barbies partouze »… Comme aperçu dans la scène tournée par Lautner pour *On aura tout vu*, Christian et Michel deviennent des émirs durant la deuxième partie qui s'achève en apothéose sur un numéro de contorsionnistes très en dessous de la ceinture avec Thierry et Gérard. Et le tout est entrecoupé par de fausses publicités tournées par Charles Nemes (avec des suppositoires « qui fondent dans l'anus, pas dans la main » et les matelas Duressort si confortables que vous pouviez tromper votre femme sans même la réveiller). Personne n'a pris le recul nécessaire pour voir qu'aucun des sketchs n'est à la hauteur de l'attente suscitée par leurs précédents succès. Dès la première, tous les signaux virent au rouge. Bien sûr, les proches, les amis et les professionnels, tous invités, ont répondu présent – Julien Clerc et Coluche figurent sur la liste parmi tant d'autres – mais devant l'ennui et la gêne presque permanente, la moitié des rangs se vident au début de la deuxième partie…

Cet échec sonne sévèrement chacun des membres du groupe, jusqu'à ce qu'ils se rendent tous à l'évidence : ce spectacle n'a pas été assez travaillé. Ils reprennent donc les répétitions scène après scène jusqu'à ce que *Le Pot de terre contre le pot de vin* retrouve les couleurs du Splendid. Les séances d'écriture collectives redoublent d'intensité par la même occasion. Autour de la table, il y a ceux qui jettent les idées, tels Thierry ou Gérard, et ceux qui corrigent le tir, tels Michel et Josiane. Tous les deux se distinguent par leur esprit critique et leur intransigeance, autant que par leur proximité dans le rapport à l'humour, moins dans le geste et plus dans le mot.

En séance collective, j'étais plutôt un ralentisseur qu'un accélérateur. J'ai toujours eu tendance à essayer de prendre le pouvoir dans les groupes. En fait, je ne crois pas à l'autogestion. Tout le monde a le droit de parler, mais il y a un moment… Quand je sens que ça bavasse et que c'est l'arbre à palabres pendant trop longtemps, j'ai tendance à taper du poing sur la table. J'aime bien qu'il y ait un chef. Marie-Anne m'avait surnommé Napoléon !

Amours, coquillages et crustacés, Jean-Claude Dusse, Coluche, Jean Rochefort

« J'ai orienté le personnage vers un looser »

Pendant l'été, la troupe du Splendid a trouvé une combine à pas cher pour passer des vacances au soleil. Ils baissent le rideau de leur théâtre parisien et s'envolent pour le Club Med. Aucun d'entre eux n'a les moyens de s'offrir un bungalow sous les cocotiers, mais les chefs de village cherchent des pièces à programmer pour meubler les soirées arrosées des GM, les « gentils membres ». En échange d'une ou deux représentations, plusieurs troupes bénéficient déjà d'un séjour à l'œil. Gérard Jugnot a flairé la bonne affaire et personne n'hésite une seule seconde à faire ses valises pour la Grèce ou la Tunisie… Sur place, ils ne sont pas GO (« gentils organisateurs ») mais « invités forum » et, à ce titre, profitent à volonté de toutes les installations, à l'instar de ces milliers de Français qui réservent leurs vacances au Club jusqu'à huit mois à l'avance. Le Club Med vient de démocratiser une nouvelle façon de voyager le cœur léger. Une fois franchies les portes des villages pensés par Gilbert Trigano, adieu la vie quotidienne des familles ! Ici, on boit, on mange, on rigole et on fait l'amour plus que de raison. Au Club, on ose aussi pratiquer des activités impensables ailleurs, comme du ski nautique, des sports de combat ou du hammam. On n'hésite pas non plus à abandonner ses enfants au « mini-club » toute la journée ! Chaque soir devient un terrain de jeu pour les humoristes qui démarrent, tels Michel Leeb, Marc Jolivet, Tex et tant d'autres, tout comme pour les troupes de café-théâtre. Le Splendid a été programmé par Guy Laporte. En fin connaisseur de l'humour décapant du groupe vu à Paris, le chef du village a préféré leur confier le créneau de 22 h 30 pour ne pas heurter les oreilles plus sensibles des enfants... En fin de compte, tout ceci n'a pas toujours une grande importance puisqu'il y a parfois plus d'étrangers dans la salle que de Français !

Tout le restant du séjour, Christian, Thierry, Michel et la bande observent les GO et les GM dans leurs dérives quotidiennes. Ils croquent sans (encore) le savoir des personnages truculents qui les accompagnent jusqu'à Paris. À force d'en rire, tous se disent que ces souvenirs de vacances au soleil ne peuvent pas en rester là. Sauf que la scène des Lombards n'a pas tout à fait les dimensions exigées pour reconstituer un village du Club digne de ce nom... *A priori*, leur idée ne convient pas au lieu. Pourquoi ne pas tenter d'en tirer un scénario de film plutôt qu'une pièce ?

Les séances d'écriture collectives repartent de plus belle. Les gags et les situations improbables fusent. Et, contrairement aux idées reçues, aucun des personnages n'est immédiatement distribué.

Au départ, nous avions décidé qu'il ne fallait pas déterminer qui allait jouer quoi. Sauf qu'après dix séances, on savait très bien qui ferait quoi parce que ça collait mieux. Le couple de nouveaux riches marchait avec Jugnot et Balasko. Christian était parfait en médecin… Au bout d'un moment, on écrivait tous les dialogues, mais on était un peu prioritaire sur les siens.

À quoi peut bien ressembler le type le plus inadapté à un séjour en club de vacances ? À force de retourner le problème, Michel Blanc imagine un vacancier auquel les femmes ne prêtent strictement aucune attention, pas le moindre battement de cils ou juste un peu de mépris.

Quand on a écrit la pièce avec mes camarades, j'ai orienté le personnage vers un looser. Non seulement les filles ne le regardent pas, mais elles ne le voient même pas !

Du haut de leurs vingt-cinq ans, tous les membres du groupe s'accordent à dire qu'il n'y a pas pire situation puisqu'à cet âge-là, tout le monde vient au Club Med pour draguer. De ce décalage complet naît Jean-Claude Dusse.

La première version du scénario s'intitule « Rallume ! Y a un moustique ». Et puis le projet d'en faire un film s'éloigne à mesure que le temps passe, jusqu'à finalement concevoir l'impossible : installer une case, des palmiers et pourquoi pas carrément une scène de ski nautique au café-théâtre ! La troupe ne recule décidément devant aucune folie. Bruno Moynot se voit confier la mission de concevoir ce décor de ses mains expertes. Il repeint la scène en couleur sable et crée une ambiance de bord de mer avec les moyens du bord. Alors que la date de la première s'approche, la troupe peaufine sa farce.

En mars 1977, il n'est pas encore question de *Bronzés* au 10, rue des Lombards, mais d'*Amours, coquillages et crustacés*, un titre qui revient officiellement à Josiane Balasko. À 22 h 15, le temps est frais à Paris, mais la chaleur gagne le Splendid. Toute la troupe a revêtu pagnes et maillots de bain pour un séjour d'une semaine au bord de la mer, placée « sous les auspices du bienfaisant soleil Ayana et de la reine de la nuit, la lune Ouba… Ayana Ouba ! ». Emprunté aux voisins de La Veuve Pichard, Jacques Delaporte scande ce cri de ralliement dans la peau de Bob le GO. Le groupe n'a pas oublié de faire une place au soleil à Guy Laporte, plus vrai que nature dans les habits du chef de village. L'autocar des GM a aussi été complété par Dominique Lavanant, en quête d'amour au Club (en alternance avec Claire Nadeau, autre figure de La Veuve Pichard). Il faut dire que la comédienne joue en première partie son *Frissons sur le secteur ou les Amours d'une aubergine* au local, son one-woman-show écrit avec Claire Bretecher et Serge Ganzl.

Dès les premiers jours, les deux cents places du Splendid sont réservées pour chaque représentation d'*Amours, coquillages et crustacés*. La file d'attente devant l'ancienne mûrisserie de bananes n'est plus une peinture, mais bien une réalité qui ne fait plus aucun doute. Les médias regardent de plus près l'événement qui agite chaque soir la petite rue du IVe arrondissement, dans un quartier en pleine mutation mais toujours très fréquenté par les prostituées, ce qui n'est pas très bon pour le tourisme… Sous les feux de la rampe, le Splendid s'amuse à jouer des minables en vacances entre activité karaté, séance de drague et visite d'un marché local. À chaque scène, le rire moqueur rivalise avec la blague carrément scatologique, comme cette turista incontrôlable de Jérôme (Christian Clavier) dans une grotte à l'écho divin – détail qui n'a pas survécu au moment du passage sur grand écran. Rien n'est suffisamment lamentable dans cette chronique piquante à souhait où personne n'est épargné. Et même si les rôles sont devenus complètement indissociables de leurs interprètes, ils ont été plusieurs fois échangés dans la version scénique, voyant notamment Gérard Jugnot camper un Dusse plus pataud que victime malgré lui.

Le succès ne passe pas longtemps inaperçu. Un producteur garde un œil sur le groupe pour une raison un peu particulière. Yves Rousset-Rouard connaît bien la bande puisqu'il s'agit ni plus ni moins de l'oncle de Christian Clavier. Derrière ce nom s'inscrit un prénom qui a marqué l'histoire du cinéma : Emmanuelle. Le film érotique avec Sylvia Kristel a fait de lui un homme de l'ombre aux coudées franches qui entend transformer le spectacle *Amours, coquillages et crustacés* en comédie pas chère dans l'air du temps… Au lieu de crier victoire, le groupe commence par se méfier de sa proposition.

L'année précédente, Christian, Gérard et Thierry ont proposé au même homme l'idée du *C'est pas parce que l'on a rien à dire qu'il faut fermer sa gueule*. Le producteur a alors préféré confier le scénario à des auteurs chevronnés, en l'occurrence Jean Halain et Jacques Besnard (également réalisateur), plutôt que de laisser la joyeuse troupe de son neveu aux commandes. La pilule leur est restée en travers de la gorge un bon moment. Dès lors, qui peut être sûr que ce nouveau projet ne va pas prendre la même tournure ? Oncle ou pas, Yves Rousset-Rouard se retrouve face au mur du Splendid, les auteurs d'un succès que chaque représentation confirme un peu plus. L'occasion est pourtant trop belle. Ils acceptent, mais sous conditions.

À tous les étages du processus d'adaptation, les deux camps vont s'affronter. En premier lieu, le titre fait déjà débat. Le producteur préfère *Les Bronzés* à *Amours, coquillages et crustacés* que les spectateurs ne retiennent pas, preuve en est faite tout le temps aux guichets du local. Derrière le terme « Bronzés », la troupe se méfie des résonances racistes… avant de céder. Côté distribution, le financier entend confier les rôles à des acteurs plus connus au cinéma. Bernard Blier, Michel Serrault et Jean Lefebvre ont tenu l'affiche de *C'est pas parce qu'on a rien à dire qu'il faut fermer sa gueule*. Pourquoi pas cette fois Jean-Pierre Marielle ou Jean Rochefort ? Sur ce terrain, pas question de céder d'un pouce. Le groupe fait front et promet immédiatement le naufrage. Yves Rousset-Rouard revoit sa copie et négocie donc plutôt le choix du réalisateur. Il pense notamment à Claude Zidi ou Édouard Molinaro, puis penche carrément pour l'option Jean-Jacques Annaud, un coutumier du film publicitaire, mais surtout le lauréat de l'Oscar du Meilleur film étranger pour *La Victoire en chantant*. Pourtant, le courant ne passe pas au moment de la rencontre d'après-spectacle entre lui et le groupe. L'équipe du Splendid a un autre nom en tête. Après avoir renoncé à Charles Nemes, ils avancent l'idée de Patrice Leconte. Passé de l'IDHEC[1] à la rédaction de *Pilote*, celui-ci n'a sur son

1. Institut des hautes études cinématographiques, fondé en 1943 par Marcel L'Herbier, réalisateur, entre autres films, du *Mystère de la chambre jaune* en 1930.

CV de réalisateur qu'un seul titre : *Les vécés étaient fermés de l'intérieur*. Cette comédie coécrite avec Gotlib n'a pas du tout amusé la critique à sa sortie en janvier 1976, et le public que moyennement au regard du box-office, malgré la présence de Coluche et de Jean Rochefort. Depuis, Patrice Leconte s'est rapproché du Splendid en toute modestie avec un projet de film en costumes sous le bras, intitulé « Épouvantable méprise ». S'il n'a jamais été porté à l'écran, ce scénario aura eu le mérite d'amuser la troupe, comme du reste *Les vécés étaient fermés de l'intérieur*. Aux yeux d'Yves Rousset-Rouard, Patrice Leconte n'a pas tout à fait l'expérience requise. Il se rassure en engageant un technicien plus aguerri comme premier assistant. Il s'agit de Jean-Claude Sussfeld, habitué aux plateaux de Claude Sautet ou de Gérard Oury.

Parmi les plus proches de la troupe, Coluche ne se montre pas très enthousiaste non plus en entendant le nom de Patrice Leconte. S'il ne garde pas un aussi mauvais souvenir que Jean Rochefort de ces *Vécés*, l'humoriste qui a gagné en notoriété grâce à son « Schmilblick » et à son rôle dans *L'Aile ou la Cuisse* a désormais des velléités de réalisateur. Il se verrait bien diriger les frasques de ses copains du Splendid au cinéma. Seulement, que Coluche tienne entre ses mains l'adaptation d'*Amours, coquillages et crustacés* ne paraît pas être l'idée du siècle pour le groupe car son univers n'est pas exactement compatible avec le ton de la pièce. Du fait de sa personnalité débordante et d'un succès sans commune mesure par rapport à ses camarades du café-théâtre, il a attiré plus rapidement tous les regards vers lui et nombreux sont ceux qui espèrent profiter de cette lumière. En 1977, il est devenu le centre de gravité d'intérêts contraires, tiraillé entre les fidèles des débuts, à qui il offre un spectacle comme *Ginette Lacaze*, et les parvenus. Pour exister, il faut être de toutes les soirées qu'il organise dans sa maison de la rue Gazan dans le XIVe arrondissement. Tous les jours ou presque, réveillon de Noël compris, c'est table ouverte à Montsouris pour qui sonne à la porte de cet imposant bloc de briques rouges où tous les excès sont possibles. Thierry Lhermitte y habitera durant près d'une année. Josiane Balasko, elle, le considère comme un frère. Avec Gérard Jugnot, Michel Blanc est de ceux qui ont toujours évité de s'approcher de trop près, autant par méfiance pour le personnage et son entourage que par respect pour son talent.

Je n'étais pas fou de l'ambiance qui régnait rue Gazan, parce que les parasites étaient nombreux. Il y avait des gens très bien, comme Gérard Lanvin ou Anémone, mais aussi une cour de gens intéressés. J'y allais de temps en temps, mais moins souvent que d'autres.

Coluche n'a commis qu'un film durant toute sa carrière, *Vous n'aurez pas l'Alsace et la Lorraine*. Le règne du roi Pif Ier n'apparaît nulle part dans les manuels d'histoire de France, mais il a au moins le mérite de permettre aux membres du Splendid de retrouver les copains de La Veuve Pichard, tout comme ceux du Café de la Gare et du Vrai Chic parisien sur un seul et même plateau. De toute cette génération, Coluche a choisi Anémone et Gérard Lanvin pour les deux rôles principaux. Pendant longtemps, le personnage du Chevalier blanc et son air d'opérette (« On m'appelle le Chevalier blanc », composé par Serge

Gainsbourg) collent à la peau du comédien comme son costume de preux défenseur des opprimés… Michel Blanc porte quant à lui la fraise et l'habit noir d'Antremont parmi les conspirateurs qui cherchent à occuper le trône, avec Roland Giraud, Philippe Manesse, Philippe Bruneau, le bouffon Martin Lamotte et la reine Dominique Lavanant. *Vous n'aurez pas l'Alsace et la Lorraine* restera la seule expérience du réalisateur Coluche, pas franchement satisfait du résultat et de l'accueil réservé à sa comédie. La télévision l'a pourtant souvent rediffusée parce qu'elle bénéficiait d'une distribution inégalable, faisant du « Chevalier blanc » et de la chevauchée pétaradante du générique des incontournables du mardi soir.

Michel Blanc enchaîne les tournages durant la préparation des *Bronzés*, faisant le flic en uniforme face à Annie Girardot dans *Le Point de mire* (de Jean-Claude Tramont) ou le fils du « capitaine » Michel Galabru au générique du *Beaujolais nouveau est arrivé* (de Jean-Luc Voulfow). Les réalisateurs ne voient pas encore en lui un soliste. Le Splendid avance toujours groupé. Dans *Le Diable dans la boîte* de Pierre Lary, ils jouent les employés autour d'un Jean Rochefort victime d'un plan social.

Je n'avais qu'un rôle secondaire, mais j'étais là tout le temps. Je me rappelle que nous étions en pleine canicule alors que nous jouions dans des costumes en laine… Jean et moi, nous avons beaucoup discuté. Il savait que j'étais amateur d'équitation. Un soir, il m'a proposé de passer chez lui pour dîner. On a bu du lambrusco. Je l'entends encore me dire : « C'est le vin des nuits romaines… »

Après *Le Juge et l'Assassin*, Bertrand Tavernier offre un beau second rôle à Gérard Jugnot, mais aussi des scènes aux trois autres garçons de la bande, dans le film *Des enfants gâtés*. Michel Blanc fait face à Michel Piccoli dans l'habit d'un agent immobilier odieux au début du long-métrage. Le réalisateur emprunte au Splendid le sketch de la soirée diapos pour une courte séquence de dîner, avec Thierry autour de la table et Gérard aux commentaires. Clavier, Chazel, Balasko et Blanc partagent une autre scène dans *La Tortue sur le dos*, sorti en septembre 1978. Assistant réalisateur et scénariste de Claude Miller, lui-même proche de la sphère du café-théâtre et du Splendid en particulier, Luc Béraud les a conviés devant sa caméra pour son premier long-métrage. Ils déboulent en pleine rue dans la (vraie) Peugeot 403 décapotable conduite par Bruno Moynot. La bande pourchasse un Jean-François Stévenin paumé dans Paris au petit matin. Michel Blanc attrape les feuillets de l'écrivain et, après les avoir lus en ricanant, lui et ses copains le laissent pour mort. Le groupe du Splendid n'est pas encore associé aux individualités affirmées des *Bronzés*. La troupe empoche un cachet unique et commun.

Foot-ball, la moustache, *Les Bronzés*

« Mes camarades m'ont même dit que j'étais plutôt mieux comme ça ! »

Entre les séances de réécriture du scénario et les représentations d'*Amours, coquillages et crustacés*, Michel Blanc a l'occasion de rejoindre Patrick Bouchitey, Herbé Bellon et Maurice Chevit pour la pièce *Foot-ball* programmée dans l'émission populaire « Au théâtre ce soir ». Ce drame de Pol Quentin et George Bellak n'a rien d'un boulevard, au contraire. Inspirée d'un fait authentique datant des années 1950 aux États-Unis, la pièce montre comment une bande d'étudiants a caché la mort d'un de leurs camarades qu'ils avaient molesté pensant qu'il était communiste. Michel Blanc, dans le rôle de Samy Remington, est de cette bande de lâches aveuglés par le maccarthysme.

Rétrospectivement, toutes ces incursions dans le registre dramatique prouvent que l'acteur n'a jamais eu l'obsession des rôles comiques. Il a au contraire toujours voulu jouer la comédie, mais au sens le plus large et noble du terme. Faire rire ou pleurer le public, pas plus l'un que l'autre. Le succès des *Bronzés* tracera un sillon dans lequel il s'engouffrera.

Patrice Leconte sait qu'il faut donner plus d'épaisseur aux personnages des sketchs d'*Amours, coquillages et crustacés* pour franchir le grand écran. Chacun développe donc sa petite histoire personnelle. En explorant ainsi toutes les facettes d'un personnage qu'il connaît bien, Michel Blanc trouve la clé qui déclenche le rire. Jusque-là, il ne maîtrisait pas complètement son pouvoir comique. Michel Blanc avait exclu le comique de geste à la Chaplin ou à la Laurel et Hardy qui lui donnait l'air ridicule, bien qu'appréciant le burlesque de Buster Keaton ou celui de Harold Lloyd. Derrière l'apparente médiocrité de Jean-Claude Dusse, grâce au support psychologique du personnage, il s'éloigne des effets comiques plus mécaniques. Un auteur contemporain lui a permis de changer sa vision de l'humour et de lui-même.

Jusqu'à ce que je découvre les films de Woody Allen, pour moi la comédie c'était Poiret-Serrault, Les Gendarmes *ou* Les Bidasses. *Et ça, je ne savais pas le faire. Et puis j'ai vu* Tout ce que vous avez toujours voulu savoir sur le sexe. *Le choc. L'acteur jouait sur ses névroses. Il faisait rire avec sa faille intérieure. Et là, j'ai commencé à comprendre…*

Son personnage de célibataire devient donc une victime par excellence qui se nourrit de ses propres angoisses. À partir de là, Michel Blanc va faire de son physique et de ses mots des armes comiques tranchantes, comme le modèle éprouvé du cinéaste américain du Nouvel Hollywood. Jean-Claude Dusse est un personnage profondément malheureux qu'il interprète au premier degré. La question de la moustache pourrait paraître bien anodine, mais elle contribue aussi au ridicule assumé.

*C'est une histoire de fou. Ma moustache est apparue à la suite d'une blague. Nous avions commencé les représentations d'*Amours, coquillages et crustacés *avant les vacances. Et puis il y a eu la coupure estivale. Certains sont partis ensemble, d'autres pas. Je ne me suis pas rasé de l'été. Au retour, j'ai donc fait les répétitions avec ma barbe naissante. Quand je suis rentré à la maison pour me préparer, j'ai commencé à me raser. Au bout d'un moment, il ne me restait plus que la moustache. Je me suis dit que j'allais faire une blague aux camarades en arrivant au dernier moment... Et quand j'entrerais en scène avec ma tête de con, ça les ferait bien marrer. J'ai donc joué Jean-Claude Dusse avec une moustache pour la première fois. Mais ça ne les a pas du tout fait marrer. Ils m'ont même dit que j'étais plutôt mieux comme ça ! Donc je l'ai gardée et nous avons tourné* Les Bronzés. *À partir de là, elle faisait partie du personnage... D'ailleurs, Gérard l'avait déjà aussi. Pour l'anecdote, au tout début de l'écriture du* Père Noël est une ordure, *il devait plutôt jouer le rôle de Katia, le travesti. Et Gérard a dit non parce qu'il était persuadé que sa copine allait le quitter s'il rasait sa moustache !*

Le tournage des *Bronzés* a lieu entre les mois de février et d'avril 1978. Les repérages ont entraîné l'équipe de Saint-Domingue jusqu'au Sénégal, avant de poser définitivement les valises dans un village vacances laissé à l'abandon sur les plages d'Assinie et d'Assouindé en Côte d'Ivoire. Les lieux n'appartiennent pas au Club Med car la direction a refusé d'ouvrir ses portes à cette bande de rigolos qui détricote toute la communication de l'entreprise. Il y a pourtant un

Club à seulement quelques centaines de mètres ! Sur le site choisi par la production, seulement quelques cases supplémentaires sont construites pour les besoins du scénario. Techniciens et acteurs sont presque comme en vacances, sous un soleil de plomb. En toute bonne foi, personne n'imagine encore que cette comédie deviendra l'un des piliers du cinéma populaire français. Toute comparaison gardée, Michel Galabru, Jean Lefebvre et Louis de Funès ne se doutaient pas non plus en 1964 que *Le Gendarme de Saint-Tropez* traverserait les générations…

En Côte d'Ivoire, Michel Blanc ne profite pas autant que les autres du beau temps. Il passe plutôt le plus clair de son temps en peignoir afin d'éviter de trop bronzer, sous peine de voir la composition de Jean-Claude Dusse perdre en ridicule. Le pâlot a besoin de toute sa blancheur pour attaquer la scène culte du film sur la plage, avec Gigi (Marie-Anne Chazel) et Christiane (Dominique Lavanant). Là, il tombe son peignoir jaune et retire son bonnet de bain pour se faire remarquer en cavalant jusque dans l'eau, histoire, peut-être, de… conclure ! Mais Boursault (Michel Creton) et Bobo (Luis Rego) lui arrachent son caleçon… Les animateurs rient du pauvre Dusse, qui n'en est déjà plus à son premier coup dur après seulement quatorze minutes de métrage. Il ressort de l'eau en cachant ses parties intimes avec des algues, l'une des images cultes du film. Petite précision d'importance, les eaux ivoiriennes étant vierges de varech, il a fallu en faire venir de Bretagne par charter !

Le joyeux tournage prend vraiment des allures de Club Med lorsque les vacanciers du village voisin sont réquisitionnés pour gonfler les rangs des figurants car la production n'a pas le budget pour faire venir des touristes en nombre… « Ils n'étaient pas payés, mais ils avaient un ticket de tombola. On ne tirait la tombola qu'à la fin de la nuit, avec ceux qui restaient. Le premier prix, c'étaient des raquettes de ping-pong, le deuxième, des balles de ping-pong, le troisième, une consommation gratuite au bar… Et quand j'ai vu ça, je me suis dit qu'on allait se faire lyncher[1] ! » raconte Patrice Leconte. Au fur et à mesure que le plan de travail avance, les rangs se vident, si bien que ce sont les familles des techniciens qui passent devant la caméra pour prendre le relais ! Au bout de quelques jours, la direction du vrai Club a vent de la foire organisée à l'autre bout de la plage. Elle interdit alors purement et simplement à ses GO de se rendre sur place…

Les aléas de la production ne perturbent en rien la folie communicative entretenue par la joyeuse troupe du Splendid. Il y a les blagues écrites pour le film et… les autres ! Un jour de repos, les garçons tendent notamment un piège à Patrice Leconte en lui faisant croire que Michel Blanc veut rentrer à Paris car il a été sauvagement agressé. En garant de la production, le réalisateur tente de parlementer avec la victime qui ne veut rien entendre. Des gouttes de sueur perlent sur son visage meurtri d'inquiétude… « Jusqu'à ce que je voie sortir tous les membres de la troupe, hilares, de derrière les palmiers et que Michel arrache le postiche – très réaliste – que lui avait fabriqué

1. « Les Dessous des Bronzés », Studio Canal, 2002.

le maquilleur[1]. » Depuis le lycée Pasteur, les copains n'ont jamais perdu le sens de la déconnade… « C'étaient des collégiens qui n'avaient à l'idée que le seau plein d'eau qui allait tomber du faîte de la porte[2]. » Rien n'a vraiment jamais changé.

1. Patrice Leconte, *Je suis un imposteur*, Paris, Flammarion, 2000.
2. *Idem.*

L'Adolescente, Simone Signoret, *Les bronzés font du ski*, Jean Poiret

« On a fait une merde et la musique est à chier »

Retour à Paris à la fin du mois d'avril 1978 pour toute la troupe qui reprend le chemin de la rue des Lombards. La sortie des *Bronzés* n'est pas prévue avant le mois de novembre. Entre-temps, chacun est donc retourné à son ouvrage. Michel Blanc cachetonne alors pour la télévision dans l'épisode « Le quincaillier de Meaux » de la série *Les Héritiers*. Il y joue Ivan, qui gère la quincaillerie familiale en l'absence de son père, avec sa femme Claudette, incarnée par Marie-Anne Chazel. Il fait aussi l'officier dans « Le bord de la mer » de Michel Wyn, dans la collection *Le Temps d'une République*, puis retrouve Gérard Jugnot et Guy Laporte à l'Unipark, le parc d'attractions de *Pierrot mon ami*, d'après le roman de Raymond Queneau. La fiction est réalisée par François Leterrier pour TF1, avec Jacques Dutronc. Des petits rôles sans grande gravité ni importance au regard de sa rencontre avec une des actrices légendaires du cinéma français.

Quelques mois plus tôt, il s'est assis devant le bureau de « Madame le juge », l'héroïne de la série d'Antenne 2 incarnée par Simone Signoret. Avec son blouson de cuir et ses lunettes fumées, Michel Blanc joue les mauvais garçons devant l'intransigeante Élisabeth Massot. Il mesure toute sa chance de se retrouver face à l'actrice de *Casque d'or*, des *Diaboliques*, oscarisée pour *Les Chemins de la haute ville*, l'une des stars des films de son enfance.

Après son apparition dans *Le Juge*, Michel Blanc retrouve Simone Signoret dans *L'Adolescente* de Jeanne Moreau. Ce film n'appartient pas au pan de sa filmographie la plus prestigieuse, mais il confirme l'attachement que portent les auteurs à son jeu.

Toutes mes scènes étaient coupées parce que Jeanne Moreau prenait du retard. Il y avait une ambiance hallucinante. Elles jouaient toutes les deux à chien et chat…

Un jour de tournage, Simone Signoret lui fait une proposition inimaginable. Elle a remarqué ce jeune homme qui semble s'ennuyer ferme sur le plateau.

« Tu veux venir manger avec moi ? » m'a-t-elle proposé. Et nous nous sommes retrouvés à table le soir même. Quand on discutait, c'était extraordinaire. Les sujets étaient souvent politiques, on parlait rarement chiffons. Quand j'ai pris la parole, je l'ai sentie qui me jugeait. « Est-il intéressant oui ou non ? » pouvais-je lire dans son regard. L'angoisse ! Finalement, j'ai relativement sympathisé avec elle. La dernière fois que je l'ai revue, je déjeunais à côté de Chez Paul, sous la roulotte comme on disait, et je l'ai reconnue de loin. Elle était installée près de la porte avec quelqu'un. Je voyais bien qu'elle ne me calculait pas. En me levant, je me suis approché

d'elle. Et elle m'a dit : « Oh, excuse-moi, je ne t'avais pas vu... J'ai la cataracte... Je te présente Untel, c'est un dissident soviétique ! » J'étais sidéré !

Pour un cachet de 700 francs, Michel Blanc fait aussi l'interne en chirurgie le temps d'une scène dans *Chaussette surprise*, une comédie farfelue de Jean-François Davy. Une matinée suffit à mettre en boîte ses trois lignes de texte avec Rufus. Il ne lui faudra pas beaucoup plus de temps pour improviser son texte dans *Les héros n'ont pas froid aux oreilles*. Ce film est un vieux projet de l'ami Charles Nemes et de Gérard Jugnot, alors tous les copains ont naturellement répondu présent pour filer un coup de main, avec Lhermitte en voleur de pneus, une musique de Jacques Delaporte et Gérard Lanvin en vigile. Marie-Anne Chazel vient même avec sa propre 2CV pour tourner sa scène avec Christian Clavier, sans oublier d'amener sa mère qui joue la vieille dame abandonnée sur la route... Quant à Michel Blanc, il se lance dans l'improvisation d'un itinéraire pour guider les deux héros, perdus dans les rues de Paris. Dans le script original, son rôle ne faisait que deux lignes. Il les a revues et corrigées à sa sauce pour une séquence aux accents d'absurde à la troisième personne du singulier : « Il va prendre sur la droite, et puis continuer jusqu'à un tabac. Remarquez, il va être embêté par les travaux peut-être. Le plus simple, c'est qu'il aille par là... Il prend la grande avenue, cette artère qui est là. Il va la prendre et il va débouler tout droit, tout droit, tout droit jusqu'à ce qu'il arrive à une place de marché... C'est facile à reconnaître, c'est une place de marché comme toutes les places de marché... »

Produite grâce à l'argent d'un héritage par Charles Nemes en personne, cette comédie fauchée est tournée en seulement vingt-cinq jours, soit l'équivalent d'un téléfilm à l'époque. Daniel Auteuil y tient l'un de ses premiers rôles importants. Il a conservé avec tous les acteurs de sa génération une proximité évidente sans jamais avoir appartenu au premier cercle des intimes. Michel Blanc se retrouve ensuite sur le plateau d'Édouard Molinaro pour *Cause toujours, tu m'intéresses*. Sur un texte de Francis Veber, il donne la réplique à Jean-Pierre Marielle au cours d'un bras de fer verbal entre leurs deux personnages pour le stationnement d'une voiture. Le duel entre le journaliste (Jean-Pierre Marielle) et le policier (Michel Blanc) tourne au ridicule lorsque les deux finissent dans la boue d'un chantier devant une Annie Girardot au bord du fou rire…

Arrive enfin le mois de novembre 1978. La promotion des *Bronzés* conduit tout le groupe sur les plateaux de télévision et de radio. Chez Michel Drucker ou au micro de Pierre Tchernia, le Splendid avance groupé et amuse la galerie sans penser au lendemain. Après avoir fait la moue en découvrant l'affiche dessinée par René Ferracci, ils acceptent sans rechigner de renfiler shorts et colliers de fleurs pour une parade en plein Paris les menant jusqu'au cinéma qui projette leurs mésaventures de minables vacanciers. Cette idée revient au producteur qui a organisé une vaste tombola en partenariat avec *France-Soir*. Tous les moyens sont bons pour faire parler de cette troupe du café-théâtre qui part à l'assaut de la France… Les premiers chiffres tombent sans tarder : dix mille entrées pour le premier jour.

Nous ne maîtrisions pas du tout la science des chiffres, donc ça ne nous a rien fait de particulier, contrairement au producteur. En soirée, je revois encore le distributeur, Dominique Harispuru, dire avec son côté truculent : « On a ferré un gros poisson, maintenant il faut le ramener à bord. » Il voulait dire par là qu'on avait fait un démarrage plutôt prometteur, mais que rien n'était gagné d'avance.

Au final, *Les Bronzés* totalisent 2,3 millions de spectateurs, soit presque autant que *Je suis timide mais je me soigne* de Pierre Richard cette même année, moins que *La Zizanie* de Claude Zidi ou *La Carapate* de Gérard Oury, mais plus qu'*Emmanuelle 2* (produit par Yves Rousset-Rouard). Le succès des *Bronzés* n'est pas un raz de marée et ne change pas foncièrement le quotidien de ses auteurs. La France entière ne chante pas encore « Bienvenue à Galaswinda, darladirladada » à tue-tête dans les soirées… Les critiques avancent divisés, à l'image de Jean-Luc Douin dans *Télérama* qui évoque des « plaisanteries parfois faciles [qui] restent un peu trop en dessous de la ceinture », tout en reconnaissant : « Certains gags font mouche. Le mérite revient à quelques comédiens très doués dont on ne manquera pas de reparler. » Certains se montrent plus sévères, tel Jean-Paul Grousset qui écrit dans *Le Canard enchaîné* : « Les vacances pouvaient donner lieu à une pertinente et savoureuse étude de mœurs. Patrice Leconte, réalisateur, et ses interprètes réduisent le spectacle à des cocuages et à des niaiseries. Quand on vient de passer une heure trente en leur compagnie, on a envie de s'isoler pour prendre du repos. »

Pour le groupe, pas de repos justement. Sur le tournage des *Bronzés*, Yves Rousset-Rouard n'a jamais caché son envie de rempiler pour une voire des suites. Le producteur espère avoir trouvé un filon peut-être aussi juteux que Christian

Fechner avec ses *Charlots* ! Sauf qu'aucun des auteurs n'a réellement pensé aller plus loin avec Bernard, Jérôme, Gigi, Jean-Claude, Popeye et les autres. Le groupe a plutôt envie de réfléchir à son prochain spectacle au Splendid au lieu de continuer *Amours, coquillages et crustacés*...

Yves Rousset-Rouard parvient à ses fins et les convainc de réfléchir à ce que pourraient donner de nouvelles vacances, mais cette fois-ci à la neige. Le thème imposé, ils reprennent les séances d'écriture collective. Après seulement quelques heures, ils ont désigné Val-d'Isère comme le théâtre des retrouvailles, une station bien connue par Christian et toute la famille Clavier. Un nouveau délire prend forme. Au lieu de décrire un séjour convenu entre leçons de ski et raclette au chalet, le groupe opte pour un ton résolument plus incisif... Ils se souviennent de l'histoire du vol 571 Fuerza Aérea Uruguaya, un fait-divers morbide remontant à octobre 1972. Les rescapés du crash aérien s'étaient retrouvés sans nourriture en pleine cordillère des Andes et, pour survivre, avaient mangé les corps des victimes parfaitement conservés par le froid... Pourquoi ne pas envoyer leurs « Bronzés » dans les hauteurs montagneuses et transformer leur balade en opération survie ?

Excités à l'idée de laisser libre cours à leur folie, nos comédiens imaginent leurs personnages s'envolant en hélicoptère avant d'être lâchés sur les cimes enneigées. Bloqués par-delà les pistes, les survivants tomberaient sur une carcasse d'avion et trouveraient des rations alimentaires congelées, alors qu'ils faisaient déjà leur marché parmi les fessiers et les cuisses... Leur première version porte un titre pour le moins explicite : « On a mangé l'hôtesse de l'air ! » Au gré des pages apparaissent également des bergers coupés du monde et même un prétendu ours qui aurait sodomisé le personnage de Thierry… Poussant les curseurs au maximum, le Splendid livre un scénario proche de l'esprit surréaliste des Monty Python qui n'est pas du tout du goût du producteur. Il renvoie les auteurs à leur table d'écriture. Leur motivation en a pris un coup. Michel Blanc et Josiane Balasko préfèrent se mettre en retrait.

La nouvelle mouture développe une vision plus classique des sports d'hiver, avec des scènes dans les files d'attente des tire-fesses et des chutes à ski, sans perdre complètement de vue la sauce piquante du Splendid. Avançant à reculons, Gérard, Thierry, Christian et Marie-Anne renvoient leurs personnages dans les cordes et en retirent encore plus de lâcheté et de méchanceté. « On a peut-être légèrement pris nos personnages en grippe. On y a mis moins de tendresse, comme si on voulait s'en débarrasser. De fait, le film est plus cruel. Cela dit, avec le recul, c'est aussi sa force comique[1]. » Voyant que l'humeur noircit, Yves Rousset-Rouard consent bon gré mal gré à conserver l'idée de l'hélicoptère et le volet catastrophe de l'affaire… En plein hiver 1979, le tournage peut démarrer à Val-d'Isère. On parle dans la presse d'un film « catastrophe comique ». Le premier clap résonne dans les hauteurs enneigées début mars.

Sur le plateau, l'ambiance n'est plus tout à fait aussi joyeuse qu'auparavant. La cohérence du groupe a pour la première fois été sérieusement remise en question par Michel Blanc.

À partir du moment où je n'étais pas coauteur, j'ai estimé que je n'avais pas à discuter avec mes camarades de la manière

1. Gérard Jugnot, *Une époque formidable : mes années Splendid'*, *op. cit.*

de jouer mon texte, mais avec le metteur en scène puisque je ne devenais qu'un simple exécutant. Et les autres l'ont pris comme si je la jouais perso. Ils se demandaient si je n'essayais pas de tirer la couverture à moi, alors que j'allais voir directement Patrice pour avoir son avis. Il y a eu une ambiance relativement de chiottes entre nous. On s'est même engueulés une fois, Thierry et moi. Il a été très froid, mais il n'y a pas eu fâcherie. On a malgré tout fait le film jusqu'au bout.

Il faut se rendre à l'évidence : les conditions ne sont pas non plus aussi clémentes que sous le soleil ivoirien, sapant d'autant plus l'humeur générale. Par des températures glaciales et une météo changeante, les techniciens sont emmitouflés dans leurs doudounes et les acteurs dans les combinaisons de circonstance. Michel Blanc et Josiane Balasko ne savent même pas skier. Le citadin par excellence arraché à Paris pour tourner à la montagne n'a pas été épargné. Dans la scène dite « du télésiège » dans laquelle Jean-Claude Dusse est bloqué une partie de la nuit, ratant son rendez-vous pour conclure, le froid est insupportable. Par moins quinze, Michel Blanc tourne toute la nuit. Pour chaque prise, il redémarre le circuit tout entier jusqu'à retrouver sa place dans le cadre. Le trajet dure quinze minutes interminables face à un vent terrible. À cinq heures du matin, son « Quand je te reverrai-je, pays merveilleux » est enfin dans la boîte. Gravé dans la mémoire collective, ce moment culte du cinéma populaire n'appartient pas aux meilleurs souvenirs de tournage…

Durant ces semaines, des affinités se sont affirmées. Michel Blanc et Patrice Leconte se sont indéniablement rapprochés et évoquent déjà des projets communs. Ils parlent de ce cinéma qu'ils aimeraient faire un jour tous les deux, plus ancré dans la réalité, au-delà de la stricte et franche rigolade. Le réalisateur tourne des scènes à tour de bras, mais toutes ne feront pas partie du montage définitif. Sur les deux heures dix de la première version il ne reste qu'un peu moins d'une heure trente. Malheureusement pour les fans, ces séquences n'existent plus…

À son retour à Paris, le groupe se remet au travail immédiatement. Il n'est plus question de jouer *Amours, coquillages et crustacés* pendant des lustres. Assez vite, la thématique de Noël s'impose à tous, pas vraiment sous l'angle de la fête familiale, mais plutôt d'un point de vue complètement décalé, encore plus excessif et carrément noir. Les séances d'écriture se transforment en défouloir. Ils partent dans un nouveau délire peuplé de marginaux qui sonnent à la porte de SOS Détresse Amitié. Michel Blanc recoiffe la casquette du censeur. Quand il veut siffler la fin de la récréation pour tenter de trancher dans le vif et d'y voir plus clair sur les personnages, il sent souffler des vents contraires.

Il y avait quelque chose de distendu. L'aventure avait été formidable pendant sept années ensemble, sans compter le lycée. Je pensais que je ne trouverais plus mon équilibre dans le groupe. Tout ce que nous pouvions obtenir, ce n'était que du conflit. Quand nous avons commencé à écrire Le Père Noël, *je me suis rendu compte que ça allait être la lutte pour imposer ses idées.*

La sortie nationale des *Bronzés font du ski* est annoncée pour le 22 novembre 1979, soit très exactement un an après le premier opus des *Bronzés*. Au total, 1,5 million de Français applaudissent la chute de Josiane Balasko dans la neige, les excès de Christian Clavier face au cochon à soigner et la scène collégiale de la fondue.

Avec Thierry, nous sommes allés dans une salle de cinéma pour voir les réactions. Elle était située au-dessus d'un fast-food sur les Champs-Élysées. Je n'oublierai jamais cette odeur de cheeseburger… J'ai dit à Thierry : « On a fait une merde et la musique est à chier… » En fait, je n'avais pas compris le potentiel de ce film. Il n'a pas marché aussi bien que le premier, mais il a marché après parce qu'il a quelque chose d'intemporel. Aujourd'hui encore, on remonte toujours les pentes avec des télésièges qui tombent en panne. Il y a toujours de la neige, des gens qui tombent, du vin chaud, des fondues… Le sujet était porteur. Le producteur a eu raison d'insister pour qu'on change le scénario, auquel je n'ai donc pas participé. Moi, je voulais vraiment faire « On a mangé l'hôtesse de l'air ». On ne saura donc jamais s'il aurait pu avoir le même impact que Le Père Noël est une ordure, *parce qu'il était dans le même esprit. C'est la même famille, notre famille de départ.*

Le succès apparaît moindre, mais l'affaire s'avère suffisamment rentable, si bien que le producteur veut enchaîner avec une nouvelle suite. Et pourquoi pas l'Amérique ? Gérard Jugnot, Thierry Lhermitte et Christian Clavier partent aux États-Unis tous frais payés pour respirer le grand air des plaines, du désert et de New York. Sur place, ils écrivent un projet sous le nom de code « Drive Away ». Là encore, pas grand-chose à voir avec *Les Bronzés*… Ce projet restera dans un tiroir, car le Splendid est déjà accaparé par un autre succès de son cru, *Le Père Noël est une ordure*.

En marge de ses camarades, Michel Blanc fait quelques apparitions à la télévision, dans le premier épisode de la série *Les 400 coups de Virginie*, également dans l'épisode

« Folie douce » de la collection *Histoires insolites* d'après les nouvelles de William Irish, et même une incursion dans l'univers du *Commissaire Maigret*. L'enquête menée par Jean Richard est réalisée par Yves Allégret, avec Michel dans le rôle d'un indicateur qui porte si bien son nom, Crotton la puce… À noter qu'il fera un autre saut chez le personnage de Simenon en 1981, au générique de l'épisode « Le pendu de Saint-Pholien », avec cette fois-ci le rôle de Belloir, un petit délinquant qui raconte au commissaire Maigret comment son copain Klein (Manuel Gélin) en est venu à poignarder Mortier (Christophe Bourseiller).

Moins d'un mois après la sortie des *Bronzés font du ski*, Michel Blanc apparaît à l'affiche de deux autres comédies d'univers contraires : *Rien ne va plus* et *La Gueule de l'autre*. La première est signée Jean-Michel Ribes, un amoureux des mots et de l'absurde avec qui il a tourné un peu plus tôt *Humour libre*, le pilote d'une série promise au succès d'audimat qui deviendra l'émission « Merci Bernard » sur FR3.

J'ai une photo où je faisais le samouraï et le Championnat du monde de courtoisie… Jean-Michel et moi, nous nous sommes bien entendus. Il y a une complicité sur un humour absurde qu'il a et que je n'ai pas. Les mots nous permettent de nous rejoindre. Il a une vraie précision dans la comédie. Il sait le rythme de ce qu'il écrit.

La seconde est le nouveau film de Pierre Tchernia, avec Michel Serrault et Jean Poiret. Son personnage de Taboureau, l'adjoint du commissaire Javert (Georges Géret), n'a pas un intérêt capital, mais le simple fait de côtoyer Jean Poiret et Michel Serrault lui suffit pour accepter le cachet. À l'adolescence, Michel Blanc écrivait ses premiers sketchs avec Gérard sous l'influence de ce même duo d'irrésistibles comiques. Ils étaient très friands de leur humour. Lui faisait plutôt Poiret, et Gérard était plus proche d'un Serrault. Ils avaient quinze ans et n'imaginaient surtout pas qu'un jour ils leur donneraient la réplique. Le jour du tournage, Michel Blanc se présente dans ses petits souliers. Il n'a jamais rencontré ni l'un ni l'autre. Sa première scène se tourne dans une voiture à l'arrêt, avec Jean Poiret.

J'étais mort de trouille parce que j'étais à côté d'une idole. Et puis j'ai fait un truc qui l'a fait sourire et ça m'a rassuré. Il ne me prenait pas pour un simple con parmi tant d'autres.

Dans les années 1980, ils deviendront même proches tous les deux, tournant ensemble dans *Je hais les acteurs* en 1986 et *Une nuit à l'Assemblée nationale* deux ans plus tard. Michel Blanc et Jean Poiret partageront des dîners où il sera beaucoup question de musique, allant jusqu'à disserter sur les interprétations comparées des *Noces de Figaro*. Souvent se joindra à eux Jacqueline Maillan.

Il ne me détestait pas, je crois. Il entretenait une part de mystère sur sa vie. Moi je connaissais sa femme Caroline et son fils, que j'ai connu tout petit. Jean était d'une grande élégance, l'incarnation parfaite de l'esprit. Toutes ses pièces ont des traits d'esprit, une particularité très française. Moi qui adorais déjà l'humour anglais, nous étions très différents sur ce point.

Michel Blanc a achevé le premier mouvement de sa carrière au terme de la décennie. En prenant ses distances avec le groupe au tournant du *Père Noël est une ordure*, il débute le deuxième avec la partition d'un soliste.

TROISIÈME PARTIE

Le soliste

Bunny's Bar, **Patrice Leconte,** *Viens chez moi, j'habite chez une copine*, *Circulez y a rien à voir*

« Nous avons une vraie complicité avec Josiane »

En trouvant son rire, Michel Blanc se distingue du groupe pour mieux s'affirmer avec les mots. En 1979, il devient pourtant le moustachu Jean-Claude Dusse aux yeux du grand public. Ce rôle va longtemps lui coller à la peau, tel un sparadrap impossible à arracher. L'acteur va multiplier les tentatives pour s'éloigner de ce faux double, car Dusse n'est pas Blanc, il est même carrément son contraire exagéré. Du jour où son visage est associé aux « Bronzés », les auteurs cessent d'appeler le comédien jusque-là réputé si baroque… Durant plusieurs années, aucun réalisateur ne lui confie plus aucun rôle intéressant, à l'exception de Patrice Leconte. Ensemble, ils débutent par un projet intitulé « Douche écossaise ». L'action se déroule entre la France et l'Angleterre, un pays qui passionne Michel Blanc depuis ses lectures adolescentes de Sherlock Holmes. Son premier séjour britannique est un voyage scolaire à la fin des années 1960, mais il retournera à Londres à maintes reprises dès que ses cachets le lui permettront.

Avant de partir pour Londres avec le lycée, je n'avais jamais voyagé en famille. Nous avions seulement traversé la frontière espagnole une fois pour faire trois kilomètres avant de s'en retourner… Jeune adulte, je suis souvent retourné en Angleterre. Je prenais un bed and breakfast *chez un couple de vieux qui avaient deux chats, Ginger et Mich-Mich. J'avais l'impression d'être en pleine guerre parce qu'ils avaient un intérieur qui n'avait pas dû changer depuis le Blitz ! Lui en plus était bègue. Alors, moi qui débutais en anglais, ce n'était pas évident. Je me souviens qu'il adorait la musique française. Nous prenions le thé en écoutant la BBC…*

En parallèle, Michel Blanc continue l'aventure au Splendid, quoique sous une autre forme. En l'espace de quelques mois, Josiane Balasko a écrit une pièce intitulée *Bunny's Bar ou les hommes préfèrent les grosses*. Elle se fraye un chemin et s'est taillé un rôle sur mesure comme jamais le groupe n'aurait pu lui en offrir, celui d'une femme simple, un personnage authentique à la fois dur et tendre, presque en forme de manifeste. Elle s'y révèle identique à ses débuts, plus vraie que nature. Dans le vestiaire d'un bar minable de Pigalle, Anita termine son dernier jour de travail. Avant de jouer les dames pipi, elle aussi faisait craquer les hommes dans sa combinaison coquine. Les bons soirs elle se produisait dans cinq boîtes de strip différentes ! Elle en a conservé le lapin, pas la tenue mais l'animal qui pue dans une caisse. Anita n'a plus les courbes d'hier et lave le sol en attendant que son amour vienne la chercher à l'aube. Car Anita va se marier et part s'installer à Metz, répète-t-elle, avec Paul Pain, un gentleman dont la photo encadrée la suit partout... Cette ultime nuit est partagée avec Jacques, le portier du bar. Ensemble, ils attendent la remplaçante d'Anita, une dénommée Betty dont les courbes suffisent à prouver le talent.

Pour jouer à ses côtés, Josiane Balasko a appelé Michel Blanc, Christine Dejoux, sociétaire de La Veuve Pichard et ancienne du cours Balachova comme elle, et Gérard Jugnot. Le rôle du portier joué par Michel Blanc laisse apparaître un pan plus méconnu de sa personnalités : un Michel Blanc musicien. Sur la scène, l'un des seuls éléments du décor est un piano sur lequel son personnage de pseudo-compositeur narquois tente de s'exercer, sans cesse perturbé par la radio d'Anita. Bien des années plus tard, en 2013, Josiane Balasko redonnera l'occasion à son ami de s'asseoir au piano, au générique de *Demi-sœur*.

Leur duo fonctionne à la perfection au « glacier-théâtre » de la rue des Lombards. Ils se connaissent parfaitement et apprécient chacun les qualités d'auteur et d'acteur de l'autre. Aucune fausse note possible entre ces deux comédiens dont le parlé vrai et le sens du mot rivalisent d'habileté.

Josiane et moi avons une vraie complicité. Sur scène, nous avons le même timing. Il y a des acteurs formidables qui n'ont pas le même rythme que moi et du coup, on se retrouve toujours un peu en décalage. Josy et moi, nous sommes comme un duo de musique de chambre qui se connaît par cœur et qui est tout le temps dedans.

De tous les membres du Splendid, ces deux-là ont toujours été les moins dépendants du groupe, à tel point que Josiane Balasko a refusé le rôle de Thérèse qui lui était pourtant dévolu dans *Le Père Noël est une ordure*. Il révélera finalement Anémone.

Josiane embêtait tout le monde autant que moi sur l'écriture en général. Elle ne s'est pas retirée du groupe pour la même raison que moi. Elle avait écrit des spectacles toute seule avant de nous rencontrer. Elle a brillamment continué avec Bunny's Bar *et ensuite* Nuit d'ivresse *notamment. Le Splendid a été une étape dans sa carrière, importante, mais une étape.*

Il faut ajouter qu'au même moment, le réalisateur Jean-Marie Poiré a demandé à Josiane Balasko de dialoguer *Retour en force*, après l'avoir fait tourner deux ans plus tôt dans *Les Petits Câlins*. Un peu plus tard, lorsque le même Poiré se verra confier le projet du *Père Noël* au cinéma, un nouveau rôle sera offert à « Josy », celui de Marie-Ange Musquin, l'autre employée de SOS Détresse Amitié, bloquée dans l'ascenseur. Quant à Michel Blanc, il n'apparaîtra pas à l'écran, mais il prête sa voix à l'inoubliable obsédé au téléphone, avec des répliques que les plus accros rejouent en boucle : « Oui, je t'encule, Thérèse. Je te prends, je te retourne contre le mur. Je te baise par tous les trous. Je te défonce. Je te mets, Thérèse ! » ou « Un malentendu du cul, vieille morue ! J'te pète la roulette, peau de couilles ! »

En 1980, Michel Blanc fait aussi une incursion rapide dans le cinéma de Claude Chabrol. *Le Cheval d'orgueil* évoque la vie rurale des Bigoudens au début du XXᵉ siècle, d'après le roman de Pierre-Jakez Hélias, avec Jacques Dufilho, François Cluzet et Dominique Lavanant. Dans ce rude autrefois, l'acteur devient Corentin Calvez, un fermier dont l'histoire est contée au coin du feu. « Il était assis sur son tas de paille, en train de le cercler de fils de fer, de le lester de pierres pour éviter que le vent ne le disperse, un vent qui venait de la mer et hurlait toutes sortes de menaces au crépuscule… » Donné pour mort et veillé par les siens, il frappe à la porte d'une autre maison au même instant, « pâle et hagard », et raconte son épreuve. Usant de filtres bleus et roses, le cinéaste s'aventure trop loin dans l'austérité de cette Bretagne des années 1900, transformée en échec commercial. De ce tournage, Michel Blanc ne conserve que l'image d'un Claude Chabrol qui semble improviser.

Lorsque nous sommes entrés dans la ferme où nous devions tourner, j'ai vu que Claude découvrait le décor. Je me suis étonné qu'il ne soit pas venu avant en repérage. « Non, non, j'aime bien être surpris par le décor », m'a-t-il répondu. Je n'y croyais pas du tout. Il était dans un cycle où ses films manquaient de travail. Il avait de l'humour et une grande intelligence, mais il n'a jamais été aussi bon que dans sa première période où il foutait en l'air la bourgeoisie de province. Avec Que la bête meure, *on se délectait !*

Finalement, le projet « Douche écossaise » ne voit pas le jour. Christian Fechner fait une tout autre proposition à Patrice Leconte. Le producteur des derniers de Funès (*L'Aile ou la Cuisse* et *La Zizanie*) et des Charlots (*Le Grand Bazar*, *Les bidasses s'en vont en guerre…*) a acheté les droits d'une pièce à succès signée Luis Rego et Didier Kaminka (avec la collaboration de Jean-Luc Voulfow et Jean-Paul Sèvres), créée en 1975 au Studio des Champs-Élysées et reprise au théâtre Édouard VII. La comédie boulevardière a même séduit un financier américain qui s'en est inspiré pour *I Love My Wife*, un *musical* récompensé par deux Tony Awards en 1977. Du *Viens chez moi, j'habite chez une copine* original ne survit que le titre. Avec l'accord de Christian Fechner, Patrice Leconte embarque Michel Blanc dans l'aventure et tous les deux réécrivent l'histoire de fond en comble. Tout juste reste-t-il quelques allusions à la trame originale, comme la scène du Scrabble avec une Anémone prête à passer au lit pour une séance d'échangisme…

Dans la pièce de théâtre, deux copains se sentaient l'envie de passer le réveillon à quatre dans le même lit. L'argument étant jugé trop mince, Patrice Leconte et Michel Blanc préfèrent développer l'idée d'un chômeur qui s'installe chez un copain, lui-même vivant en couple… Au fil des jours, le sympathique pique-assiette devient un vrai parasite ambulant. Pour le prénom du personnage qu'il va interpréter, Michel Blanc pense d'ailleurs tout de suite à Guy, l'homonyme de cette plante qui étouffe les arbres. Honnête dans son immoralité, plus maladroit que vicieux, Guy a toujours un plan en tête, mais pas forcément celui de ses amis ! « Sur les bords, au milieu, c'est vrai qu'je crains un peu », résume bien la chanson du générique, écrite et interprétée par Renaud. Le ton va crescendo, sans virer à l'absurde ni tirer sur les grosses ficelles du comique grossier, n'oubliant jamais une tendresse toute relative, mais suffisante pour qu'aucun des trois personnages principaux ne soit absent du *happy end*. Les auteurs ont volontairement basé l'action du film sur le réel d'une société au bord de la crise, avec le chômage et la ville en toile de fond, sans pour autant en faire le sujet central. À l'extrême opposé de la Côte d'Ivoire ou de Val-d'Isère, ils impriment leur marque, résolument nouvelle, dans le paysage français de l'humour au cinéma.

En coulisses, Patrice Leconte et Michel Blanc trouvent immédiatement leur mode de fonctionnement. Ils conçoivent ensemble la trame du scénario, scène après scène, mais Michel dialogue en solo. À ce stade de sa carrière, il ressent encore le besoin d'avoir un plan précis pour le guider dans l'écriture, avec le plus de détails possible dans l'action et l'intention. « En fin d'après-midi, je partais et lui continuait à dialoguer ce que nous avions écrit. Le lendemain, en début de séance, il me lisait les dialogues de la scène de la veille[1] », se souvient Patrice Leconte. Le choix de Bernard Giraudeau est imposé par Christian Fechner, tandis que le casting féminin réunit Thérèse Liotard, Christine Dejoux et Anémone, trois actrices plus proches des auteurs. Sorti en janvier 1981, *Viens chez moi, j'habite chez une copine* totalise 2,8 millions d'entrées et s'inscrit à la onzième position du box-office annuel en France. La critique s'est prise au jeu, tel le magazine *Image et son* qui écrit : « Pour une fois qu'un film comique français ne sombre ni dans la débilité, ni dans la vulgarité, soyons indulgents et allons rendre visite à cette aimable copine. »

Pendant ce temps, Le Splendid ne désemplit plus devant le triomphe réservé au *Père Noël est une ordure*, à l'affiche maintenant depuis octobre 1979. S'il y avait deux cents personnes dans la salle de la rue des Lombards, il y en avait

1. Patrice Leconte (avec Hubert Prolongeau), *J'arrête le cinéma*, Paris, Calmann-Lévy, 2011.

deux cents de plus qui attendaient dehors ! Certains soirs, Michel Blanc enfile le costume de Félix pour remplacer Gérard Jugnot.

J'ai pris un bide tous les soirs. Là où Gérard faisait rire toute la salle, j'avais un silence de mort. Je n'ai vraiment pas su le faire. Je crois que j'étais trop sur le premier degré, trop réaliste. Pour les spectateurs, j'étais un fou avec un flingue sur scène. Je m'en suis rendu compte très vite, mais il fallait que je le fasse.

Un an plus tard, la troupe décide de voir plus grand et installe son décor à la Gaîté-Montparnasse, un vrai théâtre parisien du XIVe arrondissement, pas très loin de l'ancien passage Odessa… Là encore, un bandeau « complet » barre l'affiche. Faut-il voir encore plus grand ? La question se pose très sérieusement à chacun des membres du groupe appelé par le cinéma. Au lieu de revenir au café-théâtre dont la mode tend à s'essouffler (à moins que ce ne soit parce que le théâtre dit « de boulevard » emprunte de plus en plus au café-théâtre), décision est prise de partir à la recherche d'un nouveau lieu, une vraie salle de spectacles avec des fauteuils confortables, une scène plus grande et répondant à toutes les nouvelles normes de sécurité. Bruno Moynot fait équipe avec Christian Spillemaecker pour dénicher la perle rare. Ce dernier n'est pas un inconnu pour la troupe. Du Café de la Gare jusqu'à la rue Gazan, il a été de toutes les luttes et de tous les succès de Coluche. Au 48, rue du Faubourg-Saint-Martin, ils tombent sur un site à l'abandon dont les murs datent de 1896. Anciennement Casino Saint-Martin où se produisirent Mistinguett ou Maurice Chevalier, le futur nouveau Splendid a été un cinéma d'art et essais avant de virer au tout-porno. Il reste les fauteuils qui feront l'affaire encore quelques années. Bruno Moynot et Christian Spillemaecker sont désignés directeurs par l'assemblée des actionnaires. Le déménagement de la rue des Lombards à la rue du Faubourg-Saint-Martin a lieu officiellement le 8 octobre 1981. Dès le lendemain, Gérard Jugnot présente son one-man-show dont le titre en dit long sur l'éclatement du groupe : *Enfin seul !* Un petit mois plus tard, il n'est plus question du *Père Noël est une ordure* mais de *Papy fait de la résistance*, une nouvelle comédie loufoque sur fond de Seconde Guerre mondiale écrite par Christian Clavier et Martin Lamotte. La première saison du nouveau théâtre s'achève avec la reprise de *Bunny's Bar* par Josiane Balasko, Étienne Chicot, Nathalie Guérin et Bruno Moynot. Le film adapté de la pièce est sorti quelques mois plus tôt sous le titre *Les hommes préfèrent les grosses*, réalisé par Jean-Marie Poiré. Michel Blanc n'a pas pu reprendre son rôle, trop accaparé par sa nouvelle collaboration avec Patrice Leconte. Au théâtre, il sera de retour au côté de Josiane Balasko en août 1982 pour la reprise de la pièce au Splendid, filmée à cette occasion par Jean-Marie Vincent. Cette même année, Michel Blanc participe également à l'un des quatre téléfilms de la série *Histoire contemporaine* de Michel Boisrond, d'après Anatole France. Il porte les habits d'Ernest de Bonmont dans « Monsieur Bergeret à Paris », avec Claude Piéplu, Michael Lonsdale, Eva Darlan et Jacques Legras.

Courant 1981, Patrice Leconte et Michel Blanc n'ont pas besoin de chercher le projet qui suivra *Viens chez moi, j'habite chez une copine*. Le succès aidant, il vient directement à eux ! La productrice Michelle de Broca, épouse du réalisateur des *Tribulations d'un Chinois en Chine* et de *Cartouche*, leur tend le scénario de Joe Morheim intitulé « Singles ».

Elle avait acheté les droits auprès de l'Américain qui n'arrivait pas à monter son film. En général, ce n'est pas très bon signe… Le scénario était d'ailleurs assez faible. Au départ, elle m'avait appelé pour le jouer, mais je voulais que ce soit Patrice qui fasse la mise en scène. Nous avons donc retravaillé le texte à deux.

Comme hier avec la pièce proposée par Christian Fechner, le duo d'auteurs se remet au travail en suivant la même méthodologie. Ils revoient l'intrigue de A à Z, puis Michel Blanc pimente les dialogues et ils reviennent trois semaines plus tard avec une histoire revue et corrigée, presque immédiatement validée par le producteur. Convaincus par les talents d'Anémone, ils lui confient le rôle tout en drôlerie, séduction et presque simplicité de la photographe de mode Nadine Foulon, locataire d'un appartement dans une résidence pour célibataires. Elle connaît des difficultés sérieuses avec les hommes et trouve sa consolation dans le réfrigérateur… Sur son palier s'installe Bernard, un généraliste de SOS Médecins qui vient de se faire plaquer. Il a couru dans l'aéroport et même derrière l'avion de sa femme avant qu'elle ne s'envole à tout jamais vers une destination lointaine… Il n'y comprend rien, jure-t-il à la police, mais sa vie a déjà basculé. Nadine et Bernard vont faire connaissance dans l'ascenseur de cette résidence tout à fait originale, avant de se rapprocher, immanquablement touchés par leurs malheurs respectifs.

Dans la dernière scène, les deux paumés ouvrent les yeux dans un retournement qui prend le public à contrepied. *Ma femme s'appelle reviens* donne l'occasion à Michel Blanc de se distinguer dans un rôle moins caricatural que celui de Jean-Claude Dusse dans *Les Bronzés* et plus raisonné que celui de Guy dans *Viens chez moi, j'habite chez une copine*. Il n'en reste pas moins encore l'incarnation du pauvre type par excellence. Michel Blanc use de son physique comme d'une arme à faire rire. Il n'a pas encore trente ans mais il paraît toujours plus âgé, et il s'en amuse en écrivant la scène de la boîte de nuit avec un jeune garçon (Patrick Bruel) qui se moque de lui. Le ton de cette comédie se veut plus tendre que dans *Viens chez moi, j'habite chez une copine*. Sorti sur les écrans fin janvier 1982, *Ma femme s'appelle reviens* réalise plus de deux fois moins d'entrées que le précédent, avec un total de 1,19 million de spectateurs. Bien que ce film ne pointe qu'à la trente-cinquième place du box-office de 1982, Christian Fechner décide d'accorder de nouveau toute sa confiance à Patrice Leconte pour un nouveau projet, le troisième en trois ans.

Circulez y a rien à voir ne répond toutefois pas à la même logique. Michel Blanc n'a pas repris sa plume pour écrire les dialogues ni même collaborer au scénario. Cette fois-ci, Patrice Leconte a travaillé avec Martin Veyron, auteur de bandes dessinées.

J'avais très envie de retravailler avec Patrice. Et on me proposait un co-premier rôle avec Jane Birkin. C'était quand même très tentant...

L'acteur partage aussi l'affiche avec un autre comique qui compte, Jacques Villeret. Entre ces deux physiques forgés pour créer un duo cocasse, la production place une Jane Birkin plus effacée que jamais. En coulisses, Catherine Deneuve puis Raquel Welch ont été approchées pour camper la sympathique trafiquante. Jane Birkin devient Hélène Duvernet, une richissime propriétaire d'une galerie d'art mouillée dans un trafic... Au départ cantonnée à une histoire de chéquier volé, l'enquête des inspecteurs Pelissier et Leroux devient bientôt une affaire personnelle. Le médiocre Leroux est raide dingue de la dame et se met à la pister dans ses moindres faits et gestes. Et puisque le ridicule ne tue pas, il décide de ne plus la lâcher d'une semelle, jusqu'à découvrir la vérité. Dans cette comédie policière, chacun assure un service minimum, devant et derrière la caméra. *Circulez y a rien à voir* n'a aucun intérêt particulier, ni dans les dialogues ni même dans l'action, qui du reste est inexistante.

Je ne suis pas très bon dans le film parce que je n'y suis pas à l'aise. Il y a des scènes que je joue un peu caricaturalement parce que je n'avais pas trouvé la vérité en lisant le scénario. Ce n'est pas ce que j'ai fait de mieux. Cette comédie est une forme de limite du genre.

La barre du million de spectateurs franchie, Patrice Leconte a évité la sortie de route, et il enchaîne avec *Les Spécialistes*, qui sortiront en 1985. Pour parfaire le scénario, et sur la suggestion de Christian Fechner, il demande à Michel Blanc une relecture attentive des dialogues. Entre-temps, l'acteur a gravi un nouvel échelon en coiffant la casquette de réalisateur pour *Marche à l'ombre*. Sans la persuasion de Patrice Leconte, jamais il n'aurait imaginé pouvoir mener toute une équipe sur un tournage – une tâche qui souvent revient à soulever des montagnes. Depuis *Les Bronzés* et plus particulièrement sur les films qu'ils ont écrits tous les deux, Michel Blanc a observé jour après jour le travail du réalisateur, du découpage jusqu'à la valeur des cadres. Il a étudié l'utilisation des focales, appris à voir en Cinémascope et à concevoir le montage dès l'écriture. Après le pupitre du soliste dans la fosse, il va, sans même l'avoir osé imaginer, prendre la place du chef d'orchestre.

Retenez-moi... ou je fais un malheur !, Jerry Lewis, Christian Fechner, *Marche à l'ombre*

« Avant d'avoir essayé, je me disais que je n'y arriverais pas »

Au Splendid, *Papy fait de la résistance* connaît un très grand succès à la fois critique et public. La pièce de Christian Clavier et de Martin Lamotte n'a pas besoin de plus d'encouragements pour devenir le prochain projet de Jean-Marie Poiré. Après *Le Père Noël est une ordure*, le réalisateur a été associé dès les premiers jours à la nouvelle adaptation pour le cinéma. À la production, Christian Fechner entend frapper un grand coup et réunir tout ce que le septième art français compte de vedettes populaires. La rencontre entre la nouvelle génération du rire et ses aînés se résume en une accroche : « Le film qui a coûté plus cher que le Débarquement ! » Tout le monde est là : Michel Galabru, Jacqueline Maillan, Jean-Claude Brialy, Jean Carmet, Jean Yanne, Roland Giraud, Dominique Lavanant, Jacques Villeret, l'équipe du Splendid au complet... Même Louis de Funès est associé à la distribution. Le gendarme le plus populaire de France a assisté à la pièce et donné son accord de principe, avant de disparaître subitement en janvier 1983. Michel Blanc répond aussi présent, comme hier pour *Le Père Noël est une ordure.* Il incarne le père Lebœuf, qui gère le ravitaillement en armes des résistants, le temps d'une apparition et de quelques lignes de texte.

Comme Michel Blanc avec Patrice Leconte, Christian Clavier a trouvé en Jean-Marie Poiré l'artisan de tous ses succès. Suivront *Twist Again à Moscou* en 1986, *Mes meilleurs copains* deux ans plus tard, *L'Opération Corned-Beef* en 1991, *Les Visiteurs* et ses suites à partir de 1993, ou encore *Les Anges gardiens* en 1995. À chaque film, Christian Clavier étoffe son comique, jusqu'à la consécration avec Jacquouille la Fripouille.

Christian sait faire des choses que je ne maîtrise pas. Il me bluffe dans la composition de Jacquouille, que je serais bien incapable de reproduire. Jusqu'aux Nouvelles Aventures d'Aladin, *je n'avais jamais fait de composition comique. Je ne pensais pas en être capable.*

Au début de ces années 1980, Michel Blanc a cependant pris une avance non négligeable sur l'ensemble de ses camarades du lycée Pasteur dans le regard du grand public. Dans le sillage de Jean-Claude Dusse, il a enchaîné les variations autour du même motif que certains producteurs entendent bien lui faire répéter jusqu'à satiété. Il en est ainsi de Michel Gérard, l'auteur de pochades aussi notoirement désespérantes que *Les Joyeux Lurons* en 1972, *Les Vacanciers* deux ans plus tard ou *Arrête ton char… bidasse !* en 1977. Habitué à diriger Michel Galabru, Darry Cowl, Paul Préboist et Robert Castel, le voici associé au nom de Jerry Lewis. La star hollywoodienne veut respirer le bon air de la comédie hexagonale après une décennie d'absence quasi totale à l'écran.

Inutile de lire le scénario dans le détail, jouer au côté de Jerry Lewis est une opportunité qui ne se présente pas tous les jours. Charlotte de Turckheim rejoint la distribution dans le rôle central de l'ex-femme de l'Américain, mariée désormais à Michel Blanc. Au-delà de ce trio, *Retenez-moi... ou je fais un malheur !* repose essentiellement sur le numéro burlesque du bouffon Lewis, jamais avare de grimaces et de gags, tout le contraire de Michel Blanc. Le scénario ne retenant que les maladresses du policier ricain venu rendre visite à son ex, les mots et les personnages n'ont pas vraiment d'importance dans le film. Michel Blanc manque cruellement d'espace de jeu pour trouver un semblant d'élan et sortir du simple faire-valoir. Sur le tournage, Jerry Lewis reste fidèle à sa réputation, d'une précision extraordinaire pendant les prises et pour le moins remuant entre les scènes, toujours en représentation. L'entente entre les deux hommes est parfaite durant la production.

Retenez-moi... ou je fais un malheur ! *est un mauvais film ! Par contre, le tournage fut délicieux avec Jerry Lewis. Je savais que le scénario n'était pas extraordinaire et le réalisateur ne figurait pas parmi mes idoles. En même temps, je me disais que si je répondais non à Jerry Lewis, je le regretterais toute ma vie. Il m'est arrivé depuis d'accepter des rôles pas franchement passionnants parce qu'il y avait un acteur au contraire passionnant dedans, comme* Les Recettes du bonheur *en 2013 avec Helen Mirren.*

Parti avant la fin du tournage pour préparer son téléthon caritatif annuel, Jerry Lewis s'en revient à Paris peu avant la sortie courant janvier 1984. Michel Blanc et lui font la tournée des plateaux de télévision en duo. En très bon client pour les caméras, la star ne déçoit ni Yves Mourousi ni Pierre Tchernia, comme s'il ne retirait jamais les habits de son personnage. Le show de Jerry Lewis a continué en novembre 1984 avec *Par où t'es rentré ? On t'a pas vu sortir*, une comédie tout aussi ratée de Philippe Clair.

Retenez-moi... ou je fais un malheur ! appartient aux nanars assumés, tout comme *Drôle de samedi*. Dans ce film à sketchs, le rôle de Michel Blanc n'est que secondaire, autour de Francis Huster et de Carole Laure. Il n'apparaît que dans le segment dit « de la leçon de conduite », assis derrière le volant au côté d'un Jean-Luc Bideau moniteur.

Mon idée était de m'extirper de la comédie telle que je l'avais faite jusqu'à présent, de parvenir à élargir la gamme... Le projet avait quelque chose de cinglé. Je n'avais rien à perdre.

Cette comédie, tournée en Suisse lors de l'été 1983, a tout de l'accident de parcours, au sens propre comme au figuré. Sans le vouloir, Michel Blanc a bien failli tuer son réalisateur, le Turc Bay Okan. Alors que ce dernier est appuyé sur le capot de la voiture pour cadrer la scène, Michel Blanc n'est pas sur la bonne vitesse... Au lieu de faire marche arrière comme prévu, il appuie sur la pédale et fait marche avant, renversant au passage toute l'équipe avant de piler. Bay Okan aurait conservé cette prise en justifiant qu'il trouvait son jeu intéressant...

Les deux productions les plus insignifiantes de la filmographie du soliste Blanc montrent à quel point il semblait piégé derrière la moustache de Jean-Claude Dusse.

L'étiquette lui collait trop à la peau, au point de faire disparaître l'acteur sous le personnage. S'il en est conscient aujourd'hui, il l'était aussi dès 1987 devant les caméras de la télévision : « À seize ou dix-sept ans, je me suis dit que j'allais essayer de faire ce métier. Je ne me suis pas dit à tout prix que j'allais faire rire les gens, même si j'adorais ça. Je continue à aimer ça, mais j'avais envie de jouer la comédie. Il est tout aussi plaisant d'amuser que d'émouvoir. Le plaisir est le même pour moi. Ce n'est pas plus dur de faire l'un que l'autre. Par contre, il y a une espèce de piège lorsqu'on commence à faire rire les gens. On crée une dynamique. Quand on entre en scène, les gens pensent qu'on va les faire rire. C'est difficile de lutter contre ça, comme de faire face aux a priori des metteurs en scène, des scénaristes et des producteurs[1]. »

Fin 1983, un nouveau projet d'écriture monopolise tout son temps. Les rôles qu'on lui propose se ressemblent décidément tous. Et ils ne sont pas si nombreux sur le bureau de son agent. Écrire lui donne l'opportunité de montrer d'autres facettes et de surcroît d'avoir le premier plan. Imprégné par le Nouvel Hollywood, il rédige le scénario de *Marche à l'ombre*.

Tout le cinéma américain de la fin des années 1960 et du début des années 1970 m'a beaucoup influencé, de Mike Nichols à Woody Allen ou Macadam Cowboy. *J'avais trouvé ce film absolument formidable. L'idée d'un couple de mecs,*

1. Interview menée par André Halimi, « Le rire au cinéma », Editing Productions, 1987.

dont un souffreteux, vient de là. J'avais aussi adoré Le Lauréat, *comme tous les copains. D'ailleurs, si je ne l'ai vu qu'une fois au cinéma, Clavier et Lhermitte ont dû enchaîner dix ou douze séances. Ils y retournaient pour draguer les filles !*

Comme pour *Viens chez moi, j'habite chez une copine* et *Ma femme s'appelle reviens*, Michel Blanc prend son téléphone et propose une nouvelle collaboration à Patrice Leconte. Il lui raconte sa nouvelle histoire d'amitié dans le Paris de la débrouille, entre un musicien, François, et celui qui tient le gobelet, Denis. Le premier est un baroudeur au cœur tendre. Le second un hypocondriaque maladif, râleur, aussi encombrant que pénible. L'action se déroule en moins d'une semaine, durant laquelle leur amitié est rudement mise à l'épreuve par l'irruption dans leur vie d'une danseuse. Bien qu'ils s'engueulent chaque jour un peu plus, tous les deux ont aussi de plus en plus besoin l'un de l'autre. En l'écoutant, Patrice Leconte marque un silence et lui retourne la proposition.

J'avais écrit Marche à l'ombre *et je pensais que Patrice le tournerait. Il m'a encouragé en me disant : « Avec une bonne équipe, tu vas y arriver. Tu t'intéresses au cinéma et au tournage. Tu restes toujours sur le plateau et nous parlons tout le temps de mise en scène, toi et moi. » Au fond de moi, je savais probablement que j'avais envie de réaliser, mais j'avais très peur. Avant d'avoir essayé, je me disais que je n'y arriverais pas. J'allais me planter. C'était trop surhumain !*

Aux recommandations de Patrice Leconte s'ajoute le feu vert de Christian Fechner. Savoir qu'un producteur de son rang vous suit reste un luxe énorme. Michel Blanc se remet donc au travail, avec Patrice Dewolf à ses côtés, l'assistant réalisateur de *Ma femme s'appelle reviens* et premier assistant sur *Circulez y a rien à voir*. Le conseiller technique est intervenu avant même la préparation du tournage en occupant le poste de coscénariste, place jusque-là réservée à Patrice Leconte. Toujours avec ses fiches qui le guident dans l'action et l'évolution des rapports entre les personnages, Michel Blanc écrit des dialogues qui feront date et s'offre des répliques cultes :

> « J'ai du mal à parler parce que j'ai les dents qui poussent. »
> « Je voudrais une petite tranche de pâté de tête, s'il vous plaît. Très peu, c'est pour un bébé. »
> « Piquer des trucs chers, c'est du vol ! »
> « J'peux pas marcher, bordel, c'est pas de ma faute. Si ça se trouve, y a mon entorse qui s'infecte *(Denis)*.
> — C'est même pas enflé, t'as rien *(François)*.
> — Si ça se trouve, c'est enflé à l'intérieur et puis on voit pas *(Denis)*. »

Denis est à l'image de ses personnages coutumiers, à savoir le poissard plutôt mal dans sa peau. Son duo antagoniste avec Gérard Lanvin, le grand beau musclé, reste un grand classique en matière d'humour. Aux deux copains baroudeurs se joint bien sûr la caution féminine, avec les beaux yeux de la jeune Sophie Duez, ici dans son premier film. En surimpression, *Marche à l'ombre* explore surtout l'univers jusque-là effleuré par *Viens chez moi, j'habite chez une copine* d'un Paris de la débrouille, entre prostitution, marché noir, trafic de drogue, pauvreté, squat et exclusion.

Sa toile de fond est pour le moins désenchantée, constat d'un tournant des années 1980 rigoureuses.

Aux mots et situations qu'il sait déjà marier, Michel Blanc doit également réfléchir au cadre, à la lumière et à ces mille et un éléments qui font d'un script une image, d'une séquence un film. Sans qu'il fasse état de ses doutes à son équipe, la pré-production de *Marche à l'ombre* le plonge dans une inquiétude permanente. Comme il le redoutait, il est sollicité par tous les techniciens. Pour juguler l'angoisse montante, il peaufine chaque détail car il ne veut pas dévier de sa trajectoire, de son histoire.

J'ai « surtravaillé » mon premier film. Toutes les portes étaient verrouillées, comme pour l'écriture. C'était bien fait, mais de facture très classique sur les mouvements de caméra.

Le réalisateur a néanmoins pris deux options plutôt radicales au niveau de la mise en scène. Il a d'abord opté pour le Cinémascope, un choix plutôt rare pour une comédie à deux personnages, déjà privilégié par son partenaire Patrice Leconte dans leurs précédentes collaborations. Il ajoute à ce format original des prises de vues en longues focales, avec des lumières basses, dans la droite lignée des films de Woody Allen.

Je ne voulais pas que ça ressemble aux autres comédies. À l'époque, toutes étaient extrêmement éclairées en France. On appelait ça « la lumière Poiré », du nom du patron de la Gaumont. Il fallait qu'on voie bien tout, tout le temps et partout. Un drame c'est sombre, une comédie c'est clair. Et en courte focale. Toutes les scènes dans le squat sont en basse lumière avec de la diffusion. Je tourne donc ainsi le premier jour. Le lendemain, le laboratoire reçoit les rushes et appelle le producteur en demandant si c'est bien une comédie ! Sur le coup, il était inquiet. Et puis nous avons eu la projection des rushes le soir même. Et tout le monde s'est marré. Le producteur a été rassuré. Heureusement que nous avions tourné une scène comique dès le premier jour… Je venais donc de prouver qu'il n'était pas nécessaire d'être conventionnel pour être drôle. J'ai volontairement cherché à ne pas être conventionnel. C'était ma volonté de départ. Par contre, qui disait longue focale disait impossibilité d'avoir une caméra à l'épaule.

Ces choix sont comme un guide dans la construction d'une comédie qu'il veut personnelle. Les techniciens recrutés pour le seconder sont loin d'être les moins réputés, à l'instar du chef opérateur Eduardo Serra, la même année sur le premier film de Gérard Jugnot *Pinot simple flic* et deux décennies plus tard au générique de *La Jeune Fille à la perle* ou de *Harry Potter et les Reliques de la mort*. Si Michel Blanc sait exprimer ce qu'il veut voir à l'image, Eduardo Serra traduit sans doute mieux encore ses pensées. Savoir remplir une image en Cinémascope n'est pas inné.

Un cadrage raconte autant l'histoire que les dialogues. Le Cinémascope offre la possibilité d'avoir un dialogue entre deux personnages sans champ-contrechamp. La longue focale permet aussi d'isoler un personnage de son entourage, car nous ne sommes vraiment nets que sur son œil. Alors, quand c'est systématique, c'est embêtant, mais tout ça me bluffait. J'étais sûr que mes choix fonctionneraient. Je ne voyais pas pourquoi le film aurait été moins drôle si c'était plus joli…

Le montage aussi a son importance. Il est assuré par Joëlle Hache, une fidèle du cinéma de Patrice Leconte que l'on verra à l'œuvre avec ô combien de talent sur *Camille Claudel* ou *Farinelli*, elle-même assistée par Maryline Monthieux qui travaillera sur ses films suivants. En apprenant auprès de chacun de ces professionnels, l'acteur du Splendid a gagné au premier essai ses galons de réalisateur, un coup de maître à plus de 6 millions de spectateurs. *Marche à l'ombre* est le plus gros succès de l'année 1984 en France, couronné par deux nominations aux Césars, dans les catégories « Meilleure première œuvre » et « Meilleur espoir féminin ».

Ce triomphe inattendu ne rend pas son auteur euphorique, loin de là. Le mercredi 17 octobre, Michel Blanc est installé dans le bureau du distributeur dans l'attente des premiers scores des séances de l'après-midi. Ce jour-là, il entrevoit le vide sous ses pieds. Personne n'avait envisagé un succès aussi énorme, et surtout pas lui. *Marche à l'ombre* est sa prise de conscience, comme si ce triomphe n'était pas le début, mais plutôt la fin d'un chapitre, celui de l'époque du café-théâtre. La période qui suit immédiatement est une grande zone de turbulences où toutes les portes lui sont ouvertes sans qu'il ait même besoin d'y frapper. Tous les producteurs lui déroulent le tapis rouge. Michel Blanc peut alors faire tout et peut-être n'importe quoi. Un vertige total pour un auteur et un acteur qui aime avoir du répondant en face de lui. Au lieu de plonger dans les eaux clémentes des propositions faciles, il reprend le chemin de sa table d'écriture. Durant plusieurs mois, aucune de ses ébauches n'aboutit.

Interlude

Nemo, « Le mec plus ultra », *Nuit d'ivresse*

« On fait tous des erreurs »

Après l'épreuve de la feuille blanche, repartir sur un nouveau projet au cinéma n'apparaît pas comme le chemin le plus habile. Accepter les propositions de producteurs qui lui offrent une énième reprise d'un sous-Jean-Claude Dusse n'a aucun intérêt aux yeux de l'acteur, sauf celui de flatter le public dans ses certitudes. À ce rythme-là, il en est sûr, les spectateurs ne se déplaceront même plus pour le voir sur le grand écran. Malheureusement, les autres projets ne se bousculent toujours pas… Michel Blanc tente bien à plusieurs reprises de montrer un visage plus dramatique à l'écran, mais personne ne voit encore en lui autre chose que le déconneur à moustache. Excepté ses furtives apparitions chez Claude Chabrol (*Le Cheval d'orgueil*) en 1980 ou dans l'univers de Maigret en 1981, il n'a pas encore eu de premier rôle dramatique. Ce sera Jacques Fansten qui le lui offrira avec *Après tout ce qu'on a fait pour toi*, une fiction diffusée en février 1983 sur TF1, dans laquelle il incarne un père divorcé confronté à la rébellion de son fils adolescent.

Au lendemain de *Circulez y a rien à voir*, il participe également à l'une des productions les plus ambitieuses jamais tournées en France, initialement intitulée « Dream One ». Adapté de la bande dessinée *Little Nemo* signée Winsor McCay, ce projet est produit à grands frais par John Boorman, l'auteur de *Zardoz*, *L'Exorciste 2* et surtout *Excalibur*. Par le biais d'amis communs, Michel Blanc devient un proche de la famille Boorman, en particulier des filles Katrine (également présente dans *Marche à l'ombre*) et Telsche (qui sera coscénariste de *Gazon maudit* avec Josiane Balasko).

J'ai connu tout le clan Boorman. J'allais souvent chez eux à Londres. Je les ai même accompagnés lors d'une réception en l'honneur du petit-fils de Lord Mountbatten, en présence du prince Charles. Telsche vivait à Paris avec le réalisateur Arnaud Sélignac.

Dans ces conditions, Michel Blanc est tout naturellement associé dès les premiers instants au conte imaginé par Arnaud Sélignac, définitivement titré *Nemo*. Pour les besoins de l'histoire, les décors pharaoniques ont été reconstitués sous des bulles géantes dans le plus grand studio d'Europe à Poissy, avec un désert, un vaisseau spatial et une mer artificielle. Michel Blanc joue un héritier russe prénommé Boris, « venu jusqu'au bout de la Terre pour échapper au bolchevisme ! », mais aussi le père du jeune héros… Car le voyage extraordinaire du petit Nemo démarre dans l'ascenseur d'un gratte-ciel de Manhattan qui ne s'arrête pas au rez-de-chaussée, mais ouvre ses portes sur un monde fantastique peuplé par des personnages imaginaires, avec un justicier ressemblant à Zorro (Harvey Keitel), Rals-Akraï (un extraterrestre qui a le visage de Carole Bouquet), mais également la belle et jeune Alice (Mathilda May) et un gros singe blanc (Dominique Pinon). Michel Blanc est si enthousiaste à l'idée d'incarner un personnage aussi original qu'il prépare son rôle pour tourner en anglais avec un accent russe impeccable – qu'il acquiert grâce à des cours particuliers.

Nemo doit être l'événement des fêtes de fin d'année 1984 mais c'est un échec commercial retentissant, avec tout juste trente mille spectateurs. Selon l'euphémisme en usage, on dira qu'il n'a pas trouvé son public, car il était trop enfantin pour les adultes et trop labyrinthique pour les plus jeunes. Derrière cette vraie déception se cache un bienfait dont les répercussions se feront sentir plus tard sur la carrière de Michel Blanc. Sous les lumières de Bruno Nuytten, il fait la connaissance de Carole Bouquet, l'éternelle muse de Buñuel.

Je revois précisément la première scène que j'ai tournée avec Carole. Elle était en haut d'un escalier et moi je me tenais assis. J'étais très intimidé. Et puis, nous avons commencé à parler ensemble et je me suis rendu compte que c'était une déconneuse qui aimait rire. Nous sommes devenus très amis après ce tournage.

Michel Blanc sera l'un des premiers à oser distribuer l'actrice dans une comédie franche. Ce sera en 1994, avec *Grosse fatigue*, où elle dévoile l'une de ses facettes les plus méconnues du grand public habitué à ne voir en elle que son côté prétendument inaccessible.

Tiraillé par le succès inattendu de *Marche à l'ombre*, sa volonté d'en finir avec sa période Jean-Claude Dusse et constatant l'échec patent de *Nemo*, Michel Blanc s'en retourne à ses premières amours, la musique… Cette fois-ci, elle n'est plus classique, mais de variété ! Il surprend son monde et enregistre la chanson « Le mec plus ultra », composée par Gérard Presgurvic, auteur de quelques-uns des plus grands succès de Patrick Bruel. L'acteur devenu chanteur passe une nuit entière en studio pour parvenir à placer sa voix sur les accords chaloupés de l'arrangement signé Manu Katché, une pointure dans le domaine du rythme et de la batterie. Pendant quelques mois, l'acteur s'improvise crooner sur les plateaux de télévision. Il tente de s'amuser avec sa propre image sur une chorégraphie répétée, vêtu d'un smoking et vantant ses mérites de séducteur avec des paroles explicites…

> Je suis le mec plus ultra
> J'ai le p'tit élastique là
> Premier dans tous les sondages
> J'y peux rien, j'fais des ravages
> Le Dean Martin
> De la cantine
> Le Sinatra
> Du bar-tabac.

Malgré sa popularité, le chanteur Michel Blanc ne parvient pas à rivaliser avec « Je te donne » de Jean-Jacques Goldman, « Papa chanteur » de Jean-Luc Lahaye ou « L'Aziza » de Daniel Balavoine, trois des plus grands succès de l'année 1985…

On a tous fait des erreurs… Il y avait de bons professionnels autour de moi, mais je n'avais rien à faire là-dedans. Le showbiz est rempli de requins. Ils se sont dit qu'ils allaient me refourguer une chanson… Moi, j'avais perdu pied après Marche à l'ombre. *J'ai perdu le sens commun et j'ai pris ça comme une récréation… En fait, ça ne m'a pas fait marrer du tout. Les séances d'enregistrement ont été très difficiles. C'était grotesque et je n'aurais pas dû.*

Si ce « Mec plus ultra » ne reste qu'une parenthèse vite oubliée dans sa carrière, il n'en demeure pas moins que Michel Blanc conserve un lien très particulier avec la musique. Au côté de son ami Jacques Delaporte, il continue à jouer des nuits entières les chansons du répertoire français des Années folles au piano. Il applaudit aussi les monstres sacrés du classique en concert. La vraie personnalité de l'artiste se dévoile pour la première fois aux téléspectateurs à l'occasion de l'émission « Effraction », présentée par Philippe Bachmann en 1985. Au sommaire, il est question de musique, mais aussi de cinéma asiatique et d'astrophysique. Michel Blanc a accepté d'ouvrir les portes de son appartement : le piano y côtoie les affiches de Buster Keaton ou de Laurel et Hardy. Il a convié Hubert Reeves pour parler vitesse de la lumière et relativité, deux sujets parmi les mille et une questions qui le font méditer. Il cite volontiers Paul Valéry (« Patience, patience, Patience dans l'azur ! Chaque atome de silence. Est la chance d'un fruit mûr ») et confirme ses doutes face à l'irrationnel. Il les a toujours.

L'astrophysique, c'est vertigineux. Je suis peut-être plus matérialiste que mystique. La foi peut faire construire des cathédrales comme égorger des gens ou les brûler, comme nous avons beaucoup fait à tour de fagots. Quand il s'agit d'écrire des poèmes, je trouve que le divin est un moteur merveilleux. Le drame humain nous rattrape toujours. Nous sommes capables du meilleur comme du pire. Devant Dieu, j'aimerais qu'il me dise : « Je vais tout t'expliquer. Tu vas tout comprendre ! » Voilà en quoi je suis rationaliste, bien que mon métier échappe à tout rationalisme…

Parmi ses rêves, Michel Blanc avoue devant la caméra qu'il aimerait jouer la « Chaconne » de Bach au violon et danser comme Gene Kelly dans *Chantons sous la pluie*. Il se montre sous son vrai jour dans cette émission, livrant par ailleurs sa passion pour les voyages et notamment l'Asie. Il a eu l'occasion de découvrir la Cité interdite de Pékin avec Lino Ventura et une délégation de représentants du cinéma français quelques mois plus tôt. Shanghai, Hong Kong, Japon, Thaïlande, Birmanie : Michel Blanc aime partir loin et le plus souvent possible. Ce citadin affectionne aussi New York, qu'il rejoint avant chaque tournage le temps de quelques jours, et bien sûr Londres, l'une des villes les plus exotiques qu'on puisse imaginer, carrefour des cultures du monde et souvenir de son enfance. Michel Blanc redoute l'uniformisation du monde, un danger que le globe-trotter voit déjà grandir sous ses yeux avertis.

Mélomane, pianiste, amoureux d'astrophysique et des terres reculées d'Asie, le Michel Blanc qui fait rire au cinéma n'a donc pas grand-chose à voir avec ce personnage qui lui colle tant à la peau. « Je ne suis pas le bon public pour ce que je tourne. Maintenant, j'ai envie de jouer autre chose. Je suis un acteur, pas un personnage. On ne comprend pas la différence entre la vie et les rôles. Je ne passe pas ma vie à ricaner. J'ai envie de jouer des comédies, mais aussi autre chose. [...] Tout seul, j'écrirai toujours un peu la même chose parce que je n'aurai pas assez confiance en moi pour me lancer vers des territoires inconnus. J'ai besoin d'un guide. J'ai besoin de quelqu'un qui soit là[1]. »

Peut-il se reprocher d'avoir écrit lui-même ses propres rôles depuis une dizaine d'années ? Au Splendid comme avec Patrice Leconte, Michel Blanc s'est taillé un costume qui lui sied à merveille. Personne ne lui a jamais rien proposé qu'il ne puisse refuser. Mais il se trouve désormais trop à l'étroit dans ses habits, sans savoir dans combien de temps un cinéaste suffisamment audacieux à ses yeux répondra à son appel...

Son amie Josiane Balasko lui offre à la même période un rôle dans sa nouvelle pièce, écrite trois ans plus tôt. Entre mai et août 1985, Le Splendid présente *Nuit d'ivresse*. Elle creuse un peu plus son sillon avec la simple et brave Simone, une cousine non avérée d'Anita (*Bunny's Bar*). Attablée au café d'une gare, elle attend son train pour Dieppe lorsque arrive un type éméché en costard. Elle ne le reconnaît pas, mais il s'agit de Jacques Belin, le présentateur du jeu télé « L'affaire est dans le sac ». L'improbable rencontre entre deux mondes va se produire. Ils allument le juke-box et le rock'n'roll les rapproche. Alors que son monde s'effondre autour de lui, Simone est l'épaule inconfortable sur laquelle pleurer. Le réveil de cette nuit d'ivresse sera difficile... Amis intimes et partenaires de scène, Michel

1. Extrait de « Effraction », émission animée par Philippe Bachmann, FR3, 1985.

Blanc et Josiane Balasko aiment se confronter l'un à l'autre jusqu'au plaisir coupable du mot improvisé qui sonne juste.

Devant la caméra d'Antenne 2, cela donne ce genre de reparties savoureuses :

Josiane Balasko. – Comment t'es venu au Splendid ?
Michel Blanc. – Avec le gros de la troupe...
Josiane Balasko. – Jugnot ?
Michel Blanc. – En plus c'est vrai !

Après une première série de représentations à succès, Michel Blanc préfère tout de même laisser la place à d'autres. Il n'a jamais aimé pointer au théâtre. Trois mois, voire six maximum, suffisent à son équilibre entre la scène et le cinéma. La comédie sera reprise la saison suivante avec Thierry Lhermitte, puis avec un nouveau duo formé par Victoria Abril et Gérard Jugnot, avant son adaptation au cinéma. L'acteur vient de recevoir le scénario gonflé qu'il n'attendait plus, signé Bertrand Blier : « Rimmel ».

QUATRIÈME PARTIE

Premier violon

Tenue de soirée, Bertrand Blier, Gérard Depardieu

« Gérard me faisait un peu peur avant le début du tournage »

Au milieu des années 1970, un vent de fraîcheur intellectuelle et de liberté a soufflé à la sortie des *Valseuses*, révélant sur son passage Gérard Depardieu, Patrick Dewaere et Miou-Miou. La comédie dramatique de Bertrand Blier ne répondait à aucun code établi, secouant de son insolente subversion la France pompidolienne. L'auteur de ces dialogues d'anthologie et de ces situations provocatrices a enchaîné avec plusieurs succès critiques comme *Préparez vos mouchoirs* en 1978 ou *Notre histoire* en 1984, avec Alain Delon. « Rimmel » signe les retrouvailles entre Gérard Depardieu et Miou-Miou, avec la présence annoncée de Bernard Giraudeau. Ce dernier a cependant préféré refuser le rôle. Le scénario de Bertrand Blier a circulé de main en main, de Christophe Lambert jusqu'à Jean-Pierre Bacri, pour finalement atterrir dans celles de Michel Blanc…

Quelques mois auparavant, Bertrand et moi avions été nommés tous les deux pour les Césars. Nous nous sommes donc retrouvés au traditionnel déjeuner organisé par l'Académie. Après avoir sympathisé, il me dit à cette occasion qu'il aimerait bien qu'on fasse un truc ensemble un jour. J'ai bien sûr répondu que moi aussi. À ce moment-là, je pensais vraiment qu'il ne m'aimait pas parce que j'avais un vieux passif avec lui. Une dizaine d'années plus tôt, il ne m'avait pas pris sur un casting pour une publicité pour de la bière. Il fallait avoir l'air gourmand, alors moi, mes cinquante kilos et mon air baroque, ça ne passait pas du tout. Ensuite, il a fait Les Valseuses *et il a engagé Lhermitte et Jugnot. Pas moi. J'en ai conclu qu'il me trouvait nul. Et il avait bien raison ! Je m'étais donc fait à cette idée que je ne tournerais jamais avec Bertrand. Et puis quelques mois après ce déjeuner des Césars, j'ai reçu un coup de fil : « Oui, c'est Blier… Je vais t'envoyer un scénario. – Pourquoi ? – Giraudeau ne le fait plus. – Pourquoi tu me l'envoies ? » Au fond de moi, j'étais persuadé qu'il voulait juste que je voie comment il écrivait… Et il me répond : « Bah, pour que tu le joues. – Pour remplacer Giraudeau ? – Bah ouais… C'est différent, mais ça peut être intéressant. Lis-le et dis-moi ce que tu en penses. Je sais pas trop. » Je l'ai lu d'une traite et je me suis bidonné. Je l'ai rappelé le lendemain et je lui ai dit que s'il pensait que je pouvais y arriver, je le ferais. Voilà comment ça s'est passé.*

Cette proposition arrive au moment même où le doute s'installe un peu trop durablement dans la vie professionnelle de Michel Blanc. Depuis deux ans, il n'a rien voulu tourner, en attendant justement le projet qui lui permettrait de montrer autre chose de lui. Y arrivera-t-il seulement un jour ? Malgré les questionnements de son agent qui voit dans ce scénario plus un danger qu'autre chose,

Michel Blanc est tellement emballé par cette proposition qu'il n'hésite pas. Jusqu'au démarrage de la production, il redoute quand même de ne pas être à la hauteur de l'enjeu. Aujourd'hui encore, Il considère Bertrand Blier comme le meilleur dialoguiste vivant, un auteur capable de capter tous les parfums de l'instant. Son cinéma ne s'arrête devant aucune contrainte d'espace ou de temps, laissant libre cours à l'imagination sans interdits, sans perdre ni en cohérence ni en puissance. Du danger, il n'en manque pas dans *Tenue de soirée*, le titre définitif du projet. Antoine (Michel Blanc) et Monique (Miou-Miou) forment un couple en pleine débandade, jusqu'à la gifle qui réveille leur goût de l'interdit. Ils suivent un certain Bob, qu'ils connaissent à peine, jusque dans ses cambriolages bourgeois. Le charismatique marginal provoque des spasmes de plaisir à Monique et ouvre généreusement son lit à Antoine. Le romantisme pulsionnel de Gérard Depardieu vire à la poésie cinglée et délirante comme ces deux répliques : « Une serrure, il faut qu'ça mouille, c'est comme tous les orifices. Tu la démarres à la salive et t'attends qu'elle se donne » et « Regarde-toi dans mes yeux, tu vas te trouver sublime ».

Dans le trio de ce « putain de film » (comme le dit l'affiche), Michel Blanc joue la victime consentante et trouve l'assentiment d'un public qui peut s'identifier à lui. Sur le tournage, les trois comédiens se délectent de cette « gourmandise du vocabulaire[1] », des mots spécialement cousus pour eux par Blier. Le soliste Michel Blanc interprète ici la partition d'un grand compositeur. Pour marquer la dif-

1. « Journal de 13 heures », TF1, 1986.

férence avec son passé de Jean-Claude Dusse, il décide de se raser la moustache avant le début des prises.

Depuis Les Bronzés *et* Les Bronzés 2, *j'avais ma moustache dans tous les films, mais pas dans la vie. C'était un truc de producteur... Ils savaient que j'étais drôle avec, alors il fallait que je la porte. Ils m'ont foutu la trouille au début. Je me suis même demandé à un moment si je pouvais être drôle sans ! Et après* Marche à l'ombre, *j'ai voulu refermer la période du café-théâtre et je l'ai rasée. Puis Bertrand Blier m'a contacté pour* Tenue de soirée. *Il me dit alors qu'il voudrait bien que je porte ma moustache parce qu'elle me donnait un petit côté franchouillard qui lui plaisait bien ! Elle disparaît finalement dans la dernière séquence du film, lorsque nous sommes en travestis, Gérard et moi. Bertrand m'a demandé à nouveau de porter la moustache au moment de* Merci la vie. *J'avais une scène où je jouais un résistant avec un béret. Elle correspondait bien au rôle. Après, j'ai dit stop. S'il fallait que je la laisse repousser aujourd'hui, il faudrait une vraie raison physique au personnage et que ce ne soit pas une comédie, pour éviter une espèce de raccrochage au passé. Même pour* Les Bronzés 3, *nous n'en avons pas parlé !*

Tenue de soirée marque la première rencontre entre Gérard Depardieu et Michel Blanc. Tous les deux ont été au générique de *Je t'aime moi non plus* de Serge Gainsbourg au milieu des années 1970, sans avoir eu l'occasion de se croiser sur le tournage. En seulement quelques heures, la complicité entre les deux acteurs apparaît totale devant et derrière la caméra de Bertrand Blier.

Honnêtement, Gérard me faisait un peu peur avant le début du tournage. Dès le premier jour, Bertrand a démarré un concours de grosses conneries qu'on oserait à peine répéter. J'étais le seul externe d'un trio de copains, puisque Miou-Miou les connaissait bien. J'ai été adopté tout de suite. Nous nous sommes entendus tout de suite, Gérard et moi. Heureusement, d'ailleurs, car la nature du film nous y obligeait ! Gérard est capable de tout, dans tous les sens, de générosité, de colère et d'abondance. Jouer avec lui est une expérience assez forte. Il vous embarque dans son monde fascinant. À l'époque, il faisait 104 kilos et je m'en souviens très bien parce qu'il était allongé sur mon dos quand il me l'a dit… Il était censé me pénétrer dans la scène. Je peux vous dire qu'avec lui sur le dos, on ne bouge pas !

Durant la production de *Tenue de soirée*, Gérard Depardieu rejoint chaque soir la scène du Zénith au côté de Barbara dans *Lily Passion*. La fin du spectacle coïncide avec la fin du tournage du film, non sans répercussions étonnantes…

Quatre jours avant la fin du tournage, les représentations de Lily Passion *se sont terminées. Barbara et toute l'équipe ont fêté le succès, si bien que Gérard a mis quelques jours à s'en remettre. Disons qu'il était en état de dévissage… Moi, je me suis senti obligé de le surveiller. Comme Gérard a un immense respect et de l'admiration pour Bertrand, il en a aussi peur. Au moment de tourner la scène où nous sommes en train de tapiner, il faisait un froid horrible sur les bords du canal et Gérard était encore sous le coup de sa grande « émotion » de la fin de* Lily Passion. *Il ne se rappelait plus du tout le texte. Il a demandé plusieurs fois à Bertrand de repousser le tournage au lendemain. Blier restait de marbre et disait juste « Moteur ». Gérard se plantait sur chaque prise.*

Et Bertrand répétait « Moteur ». Il le punissait. Je me suis sérieusement demandé où on allait…

Le lendemain, nous tournions de nuit dans le XVIIe arrondissement. Gérard avait ravivé la flamme. Entre les prises, il m'a proposé de le suivre. « Viens, je vais t'emmener boire un verre dans un endroit que j'ai connu sur le film de Pialat… » Nous n'avions qu'une demi-heure. Je ne voyais pas comment nous pouvions nous permettre de quitter le plateau. J'ai failli lui dire que je ne le suivais pas, avant de me raviser. Si je n'y allais pas, personne n'aurait su où il était. J'étais devenu le cornac d'un éléphant en état d'ébriété. Après quelques rues, nous arrivons donc devant un immeuble tout à fait anodin. Nous entrons dans le hall et je vois une porte du style de celle d'une concierge, avec un petit judas. « C'est là », me montre-t-il. À ce moment précis, un habitant de l'immeuble descend de chez lui et nous voit tous les deux. Gérard était habillé en cuir et moi en robe avec des moonboots. Il nous reconnaît. « Vous allez là ? C'est coquin… » J'ai immédiatement compris que la scène du film de Pialat avait été tournée dans un club échangiste ! Je ne savais plus où me mettre. Heureusement, il n'était pas encore ouvert. Gérard connaissait les patrons et nous nous sommes installés au bar pour boire un gin-tonic. Un assistant avait remarqué que nous étions sortis des écrans radars et nous avait suivis. Il nous a ramenés au bercail…

Avant la sortie de *Tenue de soirée*, Bertrand Blier évoque sa crainte que le film ne soit vu, par les uns, comme un plaidoyer en faveur de l'homosexualité, et, par les autres, comme un objet de moqueries faciles. Pire, que la sexualité affichée efface tout son propos. Car le sujet n'est pas là. *Tenue de soirée* montre tous les excès que le besoin d'amour peut provoquer chez les hommes et les femmes sans distinction, homosexuels, hétérosexuels, marginaux ou couples ordinaires. Plus de 3,1 millions de spectateurs l'ont compris, qui couronnent de succès cette fable détonante et sans tabou. Le magazine *Gai Pied* va jusqu'à titrer : « Touche pas à la femme Blanc ».

Quelques semaines seulement après sa sortie, l'équipe de *Tenue de soirée* monte les marches du palais des Festivals à Cannes, en sélection officielle. Le jour de la remise des prix, le téléphone sonne vers huit heures du matin chez Michel Blanc. Les organisateurs lui demandent de rejoindre la Croisette pour la soirée. Lorsque le président du jury, Sydney Pollack, annonce le palmarès, il reçoit le prix d'interprétation masculine des mains de Marisa Berenson et de Jean-Pierre Cassel, ex æquo avec Bob Hoskins (pour *Mona Lisa*). Le soliste Michel Blanc change de place dans l'orchestre et s'assoit à la gauche du chef, sur le siège du premier violon. Son talent ne fait plus aucun doute, même s'il ne se considère toujours pas comme un grand, sans fausse modestie. Quelques mois plus tard, le César du Meilleur acteur lui échappe, au bénéfice de Daniel Auteuil dans *Jean de Florette*. Si *Marche à l'ombre* a marqué la fin d'un chapitre de sa vie, *Tenue de soirée* l'aide à ouvrir un nouveau pan de sa carrière.

Bertrand Blier m'a beaucoup appris sur le plan de l'écriture, mais aussi sur celui de la mise en scène. Un film fou comme Tenue de soirée *n'aurait pas pu être fait de manière rationnelle et raide. Quand je l'ai vu travailler, j'ai compris que le cinéma c'était aussi de la liberté. Il ne faut pas se contraindre. Lui ne parle jamais de technique avec ses acteurs. Il arrive sur le plateau sans le plan précis de la scène qui sera tournée. Nous répétons avec lui et il attend de voir la connerie survenir avant d'en parler à son équipe technique. D'ailleurs, il a une phrase favorite : « Ah oui, c'est bien con… On va la faire ! »*

La même année 1986, Michel Blanc rempile avec Gérard Depardieu chez un autre auteur du versant plus familial du cinéma français. Il est le docteur Bourdarias des *Fugitifs* l'espace de quelques instants fixés sur la pellicule. Jamais l'écriture de Francis Veber n'a trouvé en Michel Blanc un interprète assuré, contrairement à Thierry Lhermitte (*Le Dîner de cons*) ou à Gérard Jugnot (*Cher Trésor*).

Le succès de Veber repose sur une mécanique implacable de comédie qui est réglée comme de l'horlogerie. Elle n'est pas psychologique ou psychanalytique comme la mienne. Elle fonctionne très bien, sauf que j'ai du mal à y trouver mon inspiration. Ma scène a été très difficile. Après cette journée de tournage, je me suis même dit que je ne lui avais pas donné ce qu'il aurait aimé. J'ai essayé, mais je n'y suis pas parvenu. Francis Veber m'a proposé des rôles au théâtre, mais j'ai eu trop peur de ne pas y arriver. J'aime la précision, mais celle-ci ne permet pas de me laisser jouer. Je pleure de rire devant L'Emmerdeur *ou* Le Dîner de cons, *mais je ne sais pas faire.*

Dans la foulée, lorsque le jeune débutant Gérard Krawczyk obtient le financement de la Gaumont pour une évocation démesurée du Hollywood des années 1940, le nom de Michel Blanc s'ajoute à la liste déjà considérable des acteurs ayant donné leur accord pour *Je hais les acteurs*,

Le réalisateur Patrice Leconte *(à droite)* et les « Bronzés » sur la plage de Côte d'Ivoire, en 1978.

Jean-Pierre Marielle aux prises avec l'agent de police sous le regard d'Annie Girardot, dans *Cause toujours... tu m'intéresses !* d'Édouard Molinaro (1979).

^ *Les bronzés font du ski* (1979), avec Jean-Claude Dusse en mauvaise posture sur les pentes de Val-d'Isère.

^ *Viens chez moi, j'habite chez une copine* en 1980, avec Bernard Giraudeau dans le rôle de Daniel.

L'affiche de *Ma femme s'appelle reviens* (1982), quatrième collaboration entre Michel Blanc et le réalisateur Patrice Leconte.

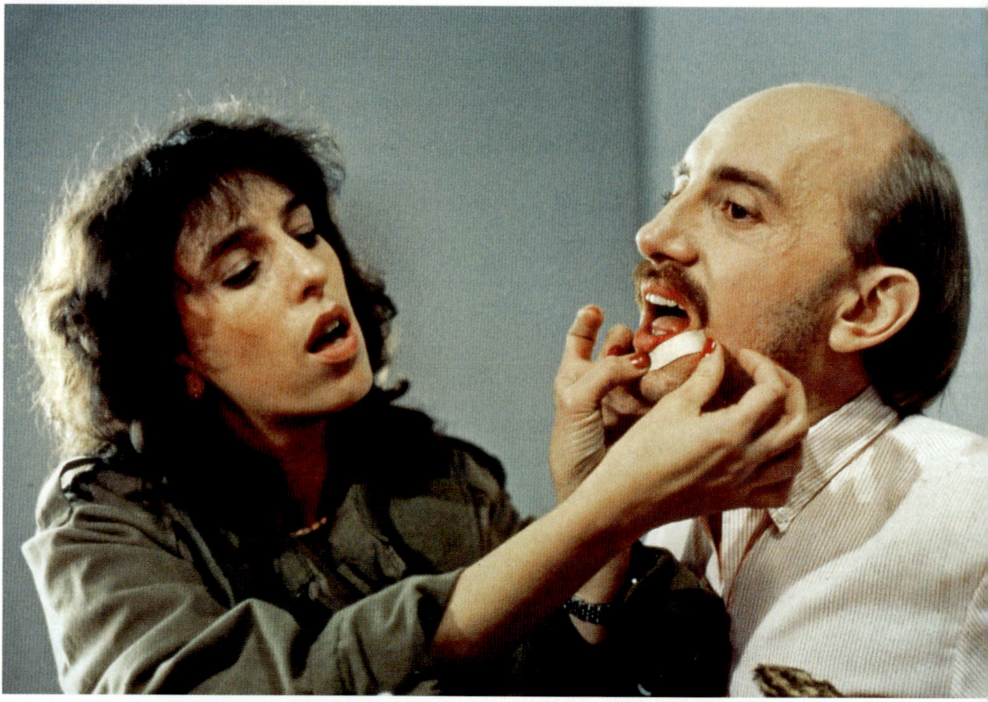

^ Anémone et Michel Blanc au générique de *Ma femme s'appelle reviens* en 1982.

^ *Après tout ce qu'on a fait ensemble* réunit Marie-Christine Barrault et Michel Blanc sur TF1 en 1982, devant la caméra de Jacques Fansten.

^ *Circulez y a rien à voir*, une comédie de Patrice Leconte sortie sur les écrans en 1983, avec Jane Birkin.

< Dans *Nemo* (1984), Michel Blanc devient Boris et partage pour la première fois l'affiche avec Carole Bouquet.

> Le comique américain Jerry Lewis tourne en France *Retenez-moi... ou je fais un malheur !*, réalisé par Michel Gérard en 1984.

^ L'affiche de *Marche à l'ombre*, le premier film réalisé par Michel Blanc, en 1984.

❮ Michel Blanc en salle de montage pour le film *Marche à l'ombre*, sorti en 1984.

Au côté de Françoise Sagan, l'auteur de la pièce de théâtre *L'Excès contraire*, mise en scène par Michel Blanc en 1987.

❯ Sur le tournage de *Tenue de soirée*, avec Gérard Depardieu, un « putain de film » réalisé par Bertrand Blier en 1986.

‹ L'affiche de *Monsieur Hire*, rôle qui valut à Michel Blanc un p[rix] d'interprétation à Cannes en 1989.

⌄ *Monsieur Hire*, un drame réalisé par Patrice Leconte en 1989, d'après Georges Simenon

› Michel Blanc et Sandrine Bonnaire sur le plateau de *Monsieur Hire*, en 1989.

Prospero's Book, adaptation de *La Tempête* de William Shakespeare par Peter Greenaway en 1991, avec notamment J. Gerard Thoolen, Erland Josephson, John Gielgud, Tom Bell et Kenneth Cranham.

‹ *La Montre, la croix et la manière* (ou Rue Saint-Sulpice), un film de Ben Lewin (1991) d'après Marcel Aymé.

› Michel Blanc, acteur, réalisateur et scénariste de *Grosse Fatigue*, sur les écrans en 1994.

⌄ Bob Koskins, Jeff Goldblum et Michel Blanc réunis à l'affiche de *La Montre, la croix et la manière* (ou Rue Saint-Sulpice) en 1991.

Face à Roberto Benigni alias Il Monstro (*Le Monstre*) en 1994.

^ Philippe Noiret et Michel Blanc sur le tournage de *Grosse Fatigue*, sorti en 1994.

‹ Le vrai Michel Blanc couve une dépression sérieuse chez Carole Bouquet, dans *Grosse Fatigue* (1994).

‹ Réalisé par Isabelle Mergault, *Je vous trouv très beau* a été l'un des succès de l'année 2006 avec Medeea Marinesc

‹ Christian Clavier, Miche Blanc, Gérard Jugnot, Josiane Balasko, Thierry Lhermitte et Marie-Ann Chazel sur le tournage des *Bronzés 3 : amis pour la vie* (2006).

‹ Le professeur Martineau (Michel Blanc) sur la mobylette de Lucas (Théo Frilet) au génériq de *Nos 18 ans* (2007).

L'affiche du *Deuxième Souffle*, réalisé par Alain Corneau en 2007, avec Jacques Dutronc, Monica Bellucci, Daniel Auteuil, Michel Blanc, Gilbert Melki et Éric Cantona.

En 2009, André Téchiné tourne *La Fill du RER*, avec Catherir Deneuve et Michel Blanc.

L'affiche d'*Une petite zone de turbulences*, réalisé par Alfred Lot en 2009, avec Gilles Lellouche, Mélanie Doutey, Miou-Miou et Michel Blanc.

Michel Blanc reçoit le César du Meilleur acteur dans un second rôle en 2012, pour *L'Exercice de l'État*, un film signé Pierre Schoeller.

› L'affiche de *Demi-sœur*, de et avec Josiane Balasko (2013).

❮ Sur le tournage des *Souvenirs* en 2014, réalisé par Jean-Paul Rouve d'après un roman de David Foenkinos.

❮ Audrey Lamy, Mathieu Spinosi et Annie Cordy au générique des *Souvenirs*, sur les écrans en 2014.

❯ Portrait réalisé au musée d'Orsay en octobre 2015.

parmi lesquels Bernard Blier, Michel Galabru, Dominique Lavanant, Guy Marchand, Sophie Duez ou Jean-François Stévenin. Dans l'usine à rêves, le fakir qu'interprète Michel Blanc soigne les maux de tête par osmose, en particulier ceux d'Orlando Higgins, le personnage joué par son ami Jean Poiret…

Malgré les récompenses publiques et critiques pour *Tenue de soirée*, la vraie transition entre le registre du comique et du dramatique s'effectue pour Michel Blanc grâce à la télévision. Jusque-là, il s'était toujours un peu méfié du petit écran. Au vu du peu de moyens dont disposent alors trop souvent les réalisateurs pour un téléfilm, rares peuvent être les fictions de qualité, à moins d'être un génie. Michel Blanc se méfie de la petite lucarne. Et puis, pourquoi les téléspectateurs iraient-ils voir au cinéma un acteur qui débarque tous les soirs dans leur salon ? Pourtant, il se laisse convaincre par TF1. La chaîne récemment privatisée prépare une série de six téléfilms mettant en scène l'action de l'association humanitaire Médecins des Hommes, à cheval entre fiction et réel. Inspiré par les combats menés par les humanitaires de Médecins du Monde, le producteur Jacques Perrin a choisi de raconter des histoires depuis les zones de conflits, du Salvador au Liban, en passant par le Nigeria. Bruno Cremer, Fanny Ardant, Jane Birkin et Christophe Malavoy figurent au générique des fictions réalisées tour à tour par Laurent Heynemann ou Yves Boisset. L'épisode devant se dérouler dans l'Afghanistan des moudjahidin a été confié à Alain Corneau. Michel Blanc est choisi pour incarner Philippe, un « médecin des hommes » incarcéré dans une prison de Kaboul puis contraint au repentir dans un simulacre de procès. Ce synopsis a directement été inspiré de l'histoire vécue par le docteur Philippe Augoyard, condamné à huit ans de prison en mars 1983. Le tournage de la fiction se déroule dans la vallée de Chitral, à la frontière nord-est du Pakistan, durant près de deux mois.

La zone de Peshawar était déjà dangereuse. Il n'était pas rare que nous assistions à des explosions parce que nous nous trouvions dans un nid d'espions. Les commandants de la résistance afghane étaient retranchés dans la ville pakistanaise pour se reposer avant les offensives. Nous avons assisté à tout cela de très près. Toute l'équipe a par exemple été reçue par Amin Wardak. Sa résidence ressemblait à un pavillon de banlieue, mais alors entouré par des miradors avec des hommes en armes et des barbelés… Notre guide pour le film était lui aussi un résistant. Je me souviens très bien de sa réaction lorsque nous lui avons dit que nous étions invités chez Amin Wardak : « Ah… Vous allez bien manger ! » Et la soirée fut effectivement délicieuse. Je ne l'oublierai jamais. L'ambiance était extraordinaire. Je ne pouvais pas m'empêcher de me répéter : est-ce que durant la Seconde Guerre mondiale des résistants nous auraient dit : « Ah… Vous mangez chez Jean Moulin demain ! Vous allez vous régaler » ? Tout cela me paraissait tellement incroyable !

Un jour où nous tournions dans un autre petit village, des Mig se sont mis à bombarder juste sur la frontière, située à seulement quelques kilomètres. Nous savions que de temps en temps, comme les Soviétiques en voulaient au Pakistan de servir de base arrière à la résistance, ils faisaient mine de se tromper et balançaient une ou deux bombes sur un village… Quand nous avons vu les Mig arriver, le tournage a été interrompu et nous avons attendu.

Dans les montagnes enneigées et les vallées désolées par les ravages d'une guerre, Michel Blanc ressemble à s'y méprendre au vrai docteur Augoyard devant la caméra d'Alain Corneau, entouré par d'authentiques autochtones. Le voyageur insatiable de découvertes y côtoie de vrais Afghans et de réels médecins, se prenant de passion pour son sujet. Le mimétisme et la précision du téléfilm ont valu à l'épisode « Afghanistan, le pays interdit » le Sept d'Or dans la catégorie « Meilleur feuilleton, série ou collection » en 1988.

Grâce à Jacques Perrin et à Alain Corneau, j'ai fait la connaissance de gens que je n'aurais jamais rencontrés autrement. En acceptant ce projet, je ne savais pas où j'irais. Je savais juste que ce serait du crapahutage. En plus, il faisait un froid de bœufs. À Chitral, nous dormions dans une espèce de refuge où les températures n'ont pas dépassé les un ou deux degrés. Pendant huit jours, je ne me suis pas lavé autre chose que les mains et le visage parce que c'était impossible de se déshabiller. Je me couchais sous une pile de couvertures avec ma parka et un collant… Et j'écoutais la BBC sur un petit poste que j'avais emmené avec moi. Je racontais les nouvelles du monde au petit déjeuner !

Je jouais le rôle d'un médecin humanitaire en étant entouré par des vrais médecins humanitaires. Cette situation m'a conduit à vivre une expérience incroyable, qui m'a en même temps mis très mal à l'aise. Nous sommes allés tourner dans un village où de vraies personnes sont venues se faire soigner par Laurence, qui nous servait de conseillère. Je leur refaisais exactement les mêmes gestes que Laurence, mais eux étaient vraiment malades et croyaient que j'étais réellement médecin. C'était très inconfortable pour moi.

Aujourd'hui, je ne sais pas si j'aurais le courage de refaire un rôle dans des conditions similaires. Il s'agit du voyage le plus « voyage » au sens ancien du terme que j'aie pu faire.

L'Excès contraire, Françoise Sagan, *Une nuit à l'Assemblée nationale*

« J'éprouve toujours de la difficulté à parler d'elle au passé »

De retour à Paris, Dominique Lavanant joue les marieuses entre Françoise Sagan et son ami proche. L'auteure a écrit sa neuvième pièce, intitulée *L'Excès contraire*, et le projet doit se monter au théâtre des Bouffes-Parisiens à la rentrée de septembre 1987. Michel Blanc a lu et aimé le texte. Plus encore, il ne se voit pas refuser l'occasion de travailler avec la plus brillante des romancières françaises, célébrée dès son premier roman, *Bonjour tristesse*, en 1954.

Le premier jet n'était pas complètement abouti. Il y avait des jaillissements et des moments formidables… Un jour, j'ai prévenu Françoise que je voulais revoir une scène autour d'un dîner. Elle m'a dit avec son phrasé si particulier : « Dînons, dînons… » Nous nous retrouvons donc au restaurant et, au bout d'un moment, elle sort un crayon et me regarde : « Bon, alors… Qu'est-ce qu'il pourrait bien dire ? » Moi, devant elle, je ne savais pas quoi en penser. J'ai littéralement été spectateur de sa folie et de sa liberté. J'en ai été extrêmement gourmand, mais je suis resté observateur.

Sur le programme, Dominique Lavanant tient le premier rôle, avec Martin Lamotte et Bruno Madinier. Françoise Sagan a choisi Baden-Baden et l'Empire pour le décor, ainsi qu'une vieille fille richissime du nom d'Hanaë au centre de l'action. À cause d'un duel inévitable avec un mari trompé, un jeune lieutenant doit choisir : l'épouser ou mourir. Hanaë goûte au plaisir et abandonne la chasse aux animaux pour ne plus viser que les hommes... En devenant une farouche amazone, elle plonge dans « l'excès contraire » ! Événement théâtral de la rentrée, la pièce de François Sagan se solde par un succès relatif. Le spectacle ne tient pas l'affiche jusqu'au mois de mai en raison d'un plateau trop onéreux, avec dix comédiens en scène. *L'Excès contraire* a été conçu pour être un triomphe.

À l'image de Simone Signoret ou de Jean Poiret, Françoise Sagan est de ces personnalités qui ont marqué la vie et la carrière de Michel Blanc. Il s'est rapidement lié d'amitié avec cette femme fragile et fascinante. Il se délecte encore au présent d'une si brillante collaboration.

Françoise est devenue une amie merveilleuse, sans doute ma plus belle rencontre. Elle était si généreuse... Elle n'était pas du tout comme « Les Guignols de l'info » l'ont caricaturée. Malheureusement, les gens ont confondu sa marionnette avec la vraie Françoise. J'éprouve toujours de la difficulté à parler d'elle au passé tellement elle incarne encore pour moi tant de liberté de vie... Les dîners chez moi avec Jacques Chazot et Dominique Lavanant ont été des moments formidables. Cette femme a vécu tant de choses, tant de soirées et de nuits délicieuses à n'en plus finir. Elle est tombée dans ce que Françoise Giroud appelait « la parenthèse enchantée », ce moment où la pilule était là et le sida encore lointain.

Un autre cinéma singulier a jusque-là échappé à Michel Blanc, celui de Jean-Pierre Mocky. Artisan à tous les étages de ses productions, le réalisateur signe en 1988 *La Saison des plaisirs* et quelques mois plus tard *Une nuit à l'Assemblée nationale*, deux films aux destinées contraires. Prévu pour sortir dans l'entre-deux-tours des élections législatives, le second inquiète jusqu'aux plus hautes instances. Mocky le corrosif va-t-il encore frapper durement ? Au lieu d'attaquer le monde politique de front, Jean-Pierre Mocky s'inspire d'un fait historique datant de la IIIe République, un trafic de Légions d'honneur et autres décorations qui entraîna la chute du président, Jules Grévy. Sa transposition dans les années 1980 démarre avec Walter Arbeit, un écologiste venu jusqu'à Paris pour y être décoré. Un détail a son importance : il est naturiste… Ce curieux personnage ne va pas tarder à découvrir le pot aux roses… Les couloirs de cette Assemblée reconstituée en studio sont peuplés par un Jean Poiret royaliste et une Jacqueline Maillan gauchiste aux accents d'Arlette Laguiller. Du film, personne ne retient autre chose que la prestation pour le moins originale de Michel Blanc, intégralement nu dans la plupart de ses scènes, comme durant une cérémonie rituelle pour laquelle la famille Arbeit s'est enduite de beurre avec du persil dans le nez… L'incontrôlable Jean-Pierre Mocky ne lésine pas sur les excès, sauf que la nudité, fût-elle celle de tous les députés dans l'Hémicycle, n'apporte aucune consistance au film. Pour Michel Blanc, jouer nu ne lui pose pas de problème majeur depuis qu'il a fait de son physique un atout de comédie. Au Splendid déjà, dans les sketchs des débuts, il montrait ses fesses. Les rires ont effacé depuis longtemps les troubles de l'adolescent maigrelet. Sur scène comme sur un plateau, la gêne ne dépasse généralement pas la première date, dès la pudeur oubliée. Sur le tournage d'*Une nuit à l'Assemblée nationale*, l'affaire prend toutefois une ampleur autre que sous les projecteurs de la rue des Lombards.

J'ai tourné nu sous la neige ! J'ai même traversé la place de l'Assemblée nationale de nuit sans prévenir les gardes républicains. À « moteur », j'ai enlevé mon jogging et j'ai vu les mecs me regarder de travers. Surtout, je courais après un taxi, ce qui est bien entendu très élégant… Voilà la folie de Mocky.

Tourner sous la direction de Jean-Pierre Mocky confine à l'expérience. Personne ne sait à l'avance quelle direction peut prendre la scène du lendemain, d'autant que les prises s'enchaînent à toute allure. En perpétuelle recherche et quête du perfectionnement, Michel Blanc voit en cette *Nuit à l'Assemblée nationale* un défi de plus à relever. Le caractère volcanique de Jean-Pierre Mocky brise malencontreusement tous les espoirs de succès pour le film. Le réalisateur se brouille avec son distributeur à la suite d'une projection à laquelle il n'a pas été convié. Il crie au scandale, mais déjà plus personne ne l'écoute. La presse boycotte donc son film. *Une nuit à l'Assemblée nationale* marque sa rupture quasi définitive avec le circuit classique du cinéma français et, par la même occasion, avec le public populaire de ses premiers succès.

En 1988 encore, Michel Blanc apparaît dans la série *Piazza Navona* avec Mathilda May dans l'épisode « Les vacances », comme dans la superproduction *Palace* de Jean-Michel Ribes. Imperméable endossé et chapeau vissé sur le crâne, l'inspecteur se pointe à l'accueil. Il enquête avec son adjoint (interprété par Gérard Lanvin) sur l'audimat suspect du programme. Pour eux, la cause est entendue : « Où sont les filles à poil ? » demandent-ils au concierge du Palace (interprété par Claude Piéplu), qui leur fait faire le tour du propriétaire. Des filles à poil, il y en a évidemment partout, mais ils ne les voient pas. Elles sont symbolisées par les meubles du restaurant comme par la viande fraîche en cuisine : de l'absurde assumé ! *Ça c'est Palace !*, diffusé par Canal+, puis Antenne 2, a été l'un des chefs-d'œuvre télévisuels de la fin des années 1980. Cette série est la digne héritière de « Merci Bernard », dont Michel Blanc a tourné le pilote à la fin de la décennie précédente. Jean-Michel Ribes et lui ont toujours conservé cette proximité par les mots et leur sens, un goût pour l'intellectuel débridé qui les mènera à se retrouver pour *Musée haut, musée bas* en 2011.

Dans cette période, Michel Blanc se frotte à un autre exercice inédit : la publicité, non pas devant, mais derrière la caméra. Cet univers codifié n'est pas étranger à son complice Patrice Leconte qui en a signé des centaines. La contrainte d'un cahier des charges précis n'effraie pas l'auteur qui envoie l'AX Diesel de Citroën sur les sentiers d'Amazonie, au pays des chasseurs de têtes. Michel Blanc récidivera en 1990 pour La Poste, entre autres spots.

Monsieur Hire

« Ni lui ni moi ne savions comment le jouer »

Si Michel Blanc accepte d'incarner le personnage d'Antoine dans *Tenue de soirée* à la suite du refus de Bernard Giraudeau de le jouer, il lui arrive à son tour de dire non aux plus grands. À Claude Sautet qui voit en lui son Martial pour *Quelques jours avec moi* en 1988, l'acteur répond qu'il n'a pas la dimension de séducteur que le rôle exige à ses yeux. Celui-ci revient donc à Daniel Auteuil. À la même période, s'entendant dire que Maurice Pialat pense à lui pour un rôle, il laisse au réalisateur dont la réputation est établie le soin de l'appeler au lieu de faire le premier pas. Le coup de téléphone n'arrive jamais et l'acteur s'en étonnera ironiquement lors d'un dîner cannois…

Je n'ai jamais fait de démarche vers un réalisateur pour lui dire que j'aimerais tourner avec lui. Ils savent tous que j'existe. De manière générale, si on ne vous trouve pas, c'est que vous n'êtes pas dans l'imaginaire des metteurs en scène. Et si vous n'êtes pas dans leur imaginaire, rien ne sert de sonner à leur porte. J'aurais beaucoup aimé tourner sous la direction d'Alain Resnais par exemple. Depuis Providence, *que j'avais adoré, j'espérais que cet homme m'appelle. Et puis non... J'aurais bien sûr voulu travailler avec Truffaut aussi, mais j'étais trop débutant quand il a disparu malheureusement. J'aime toujours son classicisme dans* Le Dernier Métro. *Il a continué à faire des films alors que Jean-Luc Godard faisait du cinéma. Pour continuer sur la lancée, je donnerais tous les Chabrol pour un Duvivier. J'ai parfois une réaction un peu sévère vis-à-vis des réalisateurs de la Nouvelle Vague, non pas pour ce qu'ils ont apporté, mais pour tous ceux qu'ils ont emportés. Je n'ai pas aimé chez eux cette nécessité de faire table rase du passé. Ils ont libéré le cinéma, mais ils ont aussi exécuté de nombreux cinéastes aussi grands que Julien Duvivier. Alors, je ne suis pas né en 1900, mais* La Belle Équipe *ou* Pépé le moko *font partie de mon inconscient. J'ai grandi avec Duvivier, comme avec Jean Renoir, avec* La Règle du jeu *et* La Grande Illusion. *Je fais le même reproche à la Nouvelle Vague qu'au Nouveau Roman. Les plus grands ont réussi à dégager un fond, mais la plupart sont restés sur l'aspect. Ils ont débarrassé le cinéma de la lourdeur des infrastructures en sortant des studios. Ils ont amené le naturalisme, à la fois dans l'image et les dialogues, mais ils y ont perdu un peu de poésie, celle qu'on retrouve chez Bertrand Blier par exemple. Au milieu des années 1980, il a volontairement joué le studio sur* Tenue de soirée. *La Nouvelle Vague a libéré tout le monde et donné plus tard 1968. D'un seul coup, une génération a inventé. Moi, je suis de celle d'après. J'avais seize ans en 1968. J'ai donc eu le beurre et l'argent du beurre, à savoir la possibilité de travailler des dialogues à l'ancienne, sans être passéiste, et celle de choisir de tourner en studio ou à l'extérieur.*

Ce goût du cinéma populaire français et des œuvres de Julien Duvivier réapparaît chez Michel Blanc par le biais de Patrice Leconte. Depuis longtemps, le réalisateur caresse l'idée de signer un remake de *Panique*, film adapté du roman de Georges Simenon, *Les Fiançailles de M. Hire*, sorti sur les écrans en 1947. Patrick Dewolf et Patrice Leconte ont écrit un scénario à quatre mains, sans penser immédiatement au camarade de *Viens chez moi, j'habite chez une copine*. « Je ne pouvais m'empêcher d'évoquer Coluche, mais il était mort. Il était physiquement plus proche du personnage que Simenon décrit. Villeret aussi lui aurait davantage ressemblé. Nous avions également songé à Polanski, mais le thème du film rappelait trop *Le Locataire*[1]. » Et le nom de Michel Blanc s'impose comme une évidence aux yeux de celui qui a partagé avec lui ses premiers succès depuis *Les Bronzés*. « Avoir un copain avec moi, un acteur que je connaissais bien et qui m'accompagne sur le terrain qui nous était étranger à tous deux, me mettait en confiance[2]. » Car Patrice Leconte aborde un sujet plus inhabituel chez lui et, malgré la réussite de son *Tandem* l'année précédente, il doute de ses capacités face au drame psychologique.

Après avoir métamorphosé Gérard Jugnot pour son face-à-face avec Jean Rochefort, il demande à Michel Blanc une interprétation encore inédite, l'inverse le plus parfait de son reflet. Durant les premiers jours du tournage, Patrice

1. Patrice Leconte (avec Hubert Prolongeau), *J'arrête le cinéma*, *op. cit.*
2. *Idem.*

Leconte et Michel Blanc cherchent comment interpréter le personnage central du film.

Ni lui ni moi ne savions comment le jouer. Au bout de deux soirs de rushes, nous nous sommes parlé à la fin de la projection. Étonnament, il y avait des bonnes prises et d'autres non, sans que nous ne sachions vraiment pourquoi. Et puis nous avons constaté que moins je bougeais le visage, plus je m'approchais de la vérité de Monsieur Hire. C'était flagrant. Tout se passait dans les yeux. Patrice a ensuite passé son temps à me regarder. Je lui demandais de me prévenir dès que mon visage se mettait à bouger.

Patrice Leconte et Michel Blanc préfèrent laisser l'énigmatique et le malaise transpirer à l'image. Monsieur Hire a une absence de réactions presque totale, un visage inexpressif au possible, à l'exception de deux yeux qui glacent le sang. L'acteur a d'abord eu peur d'être ennuyeux ; un bon signe pour celui qui recherche dorénavant l'enjeu plutôt que la facilité. Puis, tout au service de son personnage, il a gommé ses habitudes de jeu les unes après les autres pour qu'il ne reste plus que l'essentiel. Les silences sont souvent aussi importants que les doubles-croches sur une partition.

Dans le film, son regard se pose sur sa voisine d'en face qu'il observe dans la pénombre par la fenêtre de son appartement, tel un spectre froid. Il porte un masque à visage découvert. Alice (interprétée par Sandrine Bonnaire) choisit la rencontre plutôt que la peur, démarrant un jeu de fascination réciproque et de séduction. Qui est vraiment ce voyeur qui élève des souris blanches ? Est-ce un pervers ou, pire, un tueur ? Un enquêteur tente d'y voir plus clair dans l'obscur quotidien du tailleur soupçonné du meurtre d'une autre jeune femme… Telle est l'intrigue principale de *Monsieur Hire*. Toute comparaison avec l'interprétation de Michel Simon dans la version de 1947 est inutile.

J'avais vu le film de Duvivier longtemps avant, mais je n'ai pas cherché à le revoir avant ce tournage. Revoir Michel Simon et se dire qu'on va jouer le même rôle que lui, c'est globalement impossible, d'autant que les personnages n'étaient pas les mêmes et la manière de filmer non plus. Avec Monsieur Hire, *Patrice Leconte a commencé à développer un expressionisme. Durant la production, je le voyais allongé sur une planche à roulettes pour chercher un plan. Il avait une exigence esthétique différente de nos projets précédents. Il cadrait tout lui-même. J'ai été surpris, mais dans le bon sens du terme. Il m'a déstabilisé.* Monsieur Hire *a cassé la routine qui avait pu s'installer entre nous auparavant, ce qui m'a aidé à jouer quelque chose de très différent. Ce travail fut extrêmement passionnant, mais difficile.*

Sandrine Bonnaire et Michel Blanc reçoivent chacun une nomination aux Césars pour leur interprétation, mais *Monsieur Hire* n'obtient que celui du Meilleur son. De ce film demeurent justement les notes du *Quatuor en sol mineur opus 25* de Johannes Brahms. La monteuse, Joëlle Hache, a ajouté ce thème (arrangé par Michael Nyman) sur chacune des scènes montrant Monsieur Hire à sa fenêtre. Est-ce un hasard si le compositeur allemand demeure l'un des préférés de Michel Blanc, ou bien Monsieur Hire a-t-il au moins un point commun avéré avec son double ?

Chambre à part, Merci la vie

« Bertrand Blier a deux phares à mon sens : Buñuel et Bergman »

Pour choisir un rôle plus qu'un autre, Michel Blanc commence invariablement par la lecture du scénario. Rien à ses yeux n'a plus d'importance. L'écriture reste la base même du cinéma, avant la lumière, le montage ou même le jeu des acteurs. Il le répète, une mauvaise histoire filmée par un génie a de grandes chances de donner un film raté. Si bien que dès qu'il reçoit le script de *Chambre à part*, il n'hésite pas une seconde. Influencé par le ton de Bertrand Blier, Jacky Cukier a imaginé l'histoire croisée de deux couples que tout oppose, les uns amenant les autres vers l'échangisme, une spirale qui les conduit dans les abysses des sentiments contradictoires. Martin (Michel Blanc) et Gert (Frances Barber) ont une vie bien rangée, jusqu'à cette soirée mondaine durant laquelle ils font la rencontre de Marie (Lio) et de Francis (Jacques Dutronc). Le timide Martin est irrémédiablement séduit par Marie, tandis que Gert se laisse tomber dans les bras de Francis en réponse à la situation. Dans sa note d'intention écrite à l'occasion du développement de *Chambre à part*, le réalisateur donne quelques éléments de lecture éclairants : « Je pense que c'est un film sur la mauvaise foi. Comme vous et moi, Martin, Gert, Francis ou Marie disent parfois l'opposé de ce qu'ils pensent ou sont entraînés dans des actes contraires à leur volonté. *Chambre à part* ne se réduit pas à une histoire de ménage à quatre. Chaque personnage engendre une foule d'émotions. J'ai une tendresse particulière pour les personnages féminins. Martin et Francis ont aussi une sensibilité féminine. Le public a une quadruple identification avec les personnages[1]. »

Dans les faits, *Chambre à part* tire volontiers vers le jeu de massacre plutôt qu'en direction du romantisme libertaire. À mesure que le film avance, les couples vont irrémédiablement de plus en plus mal. Les personnages incarnés par Lio et Jacques Dutronc se montrent tels des vampires dont les victimes sont des couples consentants. Ils n'en sont pas à leur coup d'essai… Ont-ils d'autre choix du reste ? L'action du film débute à Londres, une ville occidentale parmi tant d'autres où le public n'a pas ses repères lorsque la caméra quitte les zones touristiques. Comme l'a écrit *Paris Match* à la sortie du long-métrage, « *Chambre à part* rompt avec la monotonie du cinéma français ». Dit de manière plus franche, il bouscule délibérément la frontière entre les registres, comme si Jacky Cukier avait appris des errances poétiques de Bertrand Blier à ne se laisser enfermer sous aucun prétexte. Dans les eaux troublées de *Chambre à part*, Michel Blanc côtoie à nouveau Jacques Dutronc, dix ans

1. Note d'intention du réalisateur, Jacky Cukier, www.flachfilm.com.

après *Pierrot mon ami*. D'un point de vue strictement personnel, il tombe littéralement sous le charme de Lio, qui ne sera plus jamais aussi sulfureuse au cinéma.

En décembre 1990, il rejoint la plus prestigieuse distribution de l'année, avec Philippe Noiret, Gérard Depardieu, Jean-Pierre Marielle, Fabrice Luchini, Gérard Desarthe, Michel Galabru et Danièle Lebrun à l'affiche d'*Uranus*. Adaptée du roman de Marcel Aymé, cette production signée Claude Berri rouvre des plaies qui paraissaient refermées, celle de l'épuration, des collabos et de cette Seconde Guerre mondiale qui a pris fin quarante-cinq ans plus tôt. Michel Blanc endosse le second rôle de Gaigneux, un communiste mesuré bien qu'attaché à son idéal. Dans un village en ruine, il est hébergé par Archambaud, un ingénieur qui a par ailleurs ouvert sa porte à un ancien collaborateur recherché par tous, Maxime Loin. *Uranus* donne à voir le tableau d'une période incertaine et méconnue, faite de règlements de comptes et de suspicion dans une France partagée entre les dénonciateurs, les anciens pétainistes et ceux qui se disent résistants. Du premier au dernier personnage, aucune fausse note dans ce film de facture plus classique où chacun a un rôle bien construit à défendre. Claude Berri récidivera dans la foulée avec *Germinal*, porté par la véracité de Renaud et le même appétit des mots de Gérard Depardieu.

Premier violon de l'orchestre du cinéma français, Michel Blanc ne boude pas son plaisir à être dirigé pour la seconde fois par le chef Bertrand Blier dans *Merci la vie*, sorti en mars 1991. Le cinéaste a aussi invité Charlotte Gainsbourg et Anouk Grinberg dans les volutes de son art, dessinant une symétrie parfaite avec le duo que formaient jadis Gérard Depardieu et Patrick Dewaere dans *Les Valseuses*. Il assortit l'audace visuelle à l'invention narrative et abandonne toute la logique établie du temps, de l'espace, des genres et des couleurs. Bertrand Blier brise même ce quatrième mur par lequel le spectateur regarde, en montrant le tournage d'un tournage dans lequel il filme son double et celui de toute l'équipe technique.

Bertrand Blier a deux phares à mon sens : Buñuel et Bergman. Merci la vie *est dans le « buñuelien », avec un surréalisme assumé. Ce film relève de l'intime. J'ai adoré le tourner, mais ce n'était pas comme* Tenue de soirée. *Il n'y avait pas de place pour la déconnade, même si cela ne change rien aux qualités du film.*

Cet objet de cinéma frôle l'incohérence pour quiconque ne s'est jamais attardé sur la vision surréaliste de l'artiste Blier. À l'époque, Michel Blanc ne voit dans ce scénario que des « hardiesses de chronologie. La réalisation de Bertrand est tellement implacable qu'il n'y a pas un moment où on se pose des questions. [...] Ce film a la logique des cauchemars, ou la logique des rêves. Il a la logique de l'inconscient[1] ». Rien ne sert donc de chercher à se raccrocher à la moindre branche d'apparence cartésienne. Bertrand Blier n'aborde pas l'évolution des personnages et de l'action suivant le temps qui passe, mais autour de son discours, une réflexion à la fois insolente et implacable sur le sida ou le nazisme avec la mort pour horizon. Il est également

1. « Le Journal de 13 heures », Henri Sannier, Antenne 2, 1991.

question des rapports parents-enfants et mari-épouse, en particulier dans les scènes menées par Raymond Pelleveau, interprété par Michel Blanc (le père jeune) et Jean Carmet (le père âgé). L'une des répliques les plus fameuses et qui illustre le mieux la tonalité dominante de *Merci la vie* revient justement au personnage de Michel Blanc. Perdu dans une scène, il se tourne vers la caméra et s'exclame : « Je voudrais qu'on se mette bien d'accord sur l'époque où on vit : parce que si c'est l'époque du sida, eh bien il y a pas les Allemands ; et si c'est l'époque des Allemands, alors il y a pas le sida ! Et on baise. » « Chef-d'œuvre » aux yeux de Michel Blanc, *Merci la vie* a rassemblé plus d'un million de spectateurs et offert un César à Jean Carmet.

Bertrand a une passion pour les acteurs. Il ne faut pas oublier qu'il est le fils de l'immense Bernard Blier Sa phrase favorite, c'est : « Passé soixante ans, tous les acteurs deviennent des œuvres d'art. »

Prospero's Books, *Le Monstre*, Roberto Benigni

« J'ai fait toute la prise avec ma main dans la sienne. J'étais pétrifié ! »

Bertrand Blier, Jean-Pierre Mocky, Patrice Leconte, Claude Berri, Alain Corneau : Michel Blanc laisse les cinéastes et les auteurs lui apporter leurs propres mots. Il a abandonné ses habits de dialoguiste depuis son prix d'interprétation à Cannes. Non pas qu'il n'écrive plus, mais le sujet n'est pas encore prêt. Et si le cinéma français lui offre une kyrielle de rôles multiples, il goûte aussi aux joies des coproductions internationales, avec non moins de cinq films étrangers sortis entre 1990 et 1995, à commencer par les plus évitables, comme *Strike It Rich* ou *The Favour, the Watch and the Very Big Fish*. Le premier a été tourné à l'automne 1988 dans les studios de Pinewood, avec Robert Lindsay et Molly Ringwald dans les rôles de deux amoureux en lune de miel. Michel Blanc porte le costume du directeur d'un casino de la Riviera. Ce remake du *Qui perd gagne* de Ken Annakin (1956) réalisé par James Scott n'est jamais sorti en France, contrairement à *The Favour, the Watch and the Very Big Fish*. En mars 1992, moins de dix mille spectateurs ont vu cette comédie de Ben Lewin avant qu'elle ne soit définitivement retirée de l'affiche. Adapté d'une nouvelle de Marcel Aymé, le film permet à Michel Blanc de rencontrer Bob Hoskins, avec qui il avait partagé son prix d'interprétation sur la Croisette. L'acteur anglais devient Louis Aubinard, un photographe chargé de repérer un modèle pour incarner Jésus pour le compte de Norbert, qu'interprète Michel Blanc. L'illuminé campé par Jeff Goldblum va trouver grâce à ses yeux, jusqu'à ce que ce dernier se prenne complètement pour le Christ ! Natasha Richardson, Jacques Villeret et Jean-Pierre Cassel ferment le ban de cette production iconoclaste. Bob Hoskins s'en tire avec les honneurs en empruntant à Jacques Tati l'innocence et à Jacques Legras l'allure. Michel Blanc a trouvé l'intérêt en ces projets de jouer en anglais…

Ces deux comédies sans importance précèdent un projet d'une tout autre nature, *Prospero's Books*. Par le truchement des aides européennes qui contraignent les producteurs à employer des comédiens venus des pays voisins, Michel Blanc est invité à jouer une version de *La Tempête* de William Shakespeare chez le peintre sur pellicule Peter Greenaway. L'auteur de *Drowning by Numbers* n'a pas vocation à dénaturer l'œuvre classique. Il a convoqué quelques-unes des plus grandes figures du théâtre britannique pour donner corps et esprit à sa vision personnelle, à commencer par Sir John Gielgud et le danseur Michael Clark. La pression est totale pour Michel Blanc qui, même s'il pratique la langue, doit donner la réplique en anglais à un véritable monument du théâtre shakespearien, aussi impressionnant que Laurence Olivier. Les nuits qui précèdent le premier clap sont difficiles pour celui qui doit interpréter Alonso, le roi de Naples. Michel Blanc a bien quelques classiques derrière lui, mais la marche apparaît très haute cette fois-ci.

Pour la première scène que j'ai tournée, Peter Greenaway m'a demandé de tendre ma main à Prospero, donc à Gielgud, que nous appelions très respectueusement Sir John. J'ai fait toute la prise avec ma main dans la sienne. J'étais pétrifié ! Je me disais qu'il allait bien demander à un moment donné à la production pourquoi ils avaient engagé un type français comme moi !

Au côté de ce géant britannique, Michel Blanc prend une véritable leçon d'art dramatique, au premier sens du terme. Alors qu'ils répètent la scène finale, Peter Greenaway indique les positions de chacun, comme pour visualiser le tableau qu'il est en train de dessiner. Tous les acteurs s'assoient en demi-cercle. Au centre se hisse Sir John Gielgud.

Moi j'étais l'avant-dernier à gauche. Erland Josephson était à côté de moi. Nous nous rendions bien compte que Sir John avait l'air un peu contrarié. Nous lui avons donc demandé ce qu'il avait. Il a alors marqué un temps et nous a répondu : « Ça ne vous ennuie pas que je critique votre travail ? » Nous lui avons dit que non, bien au contraire. Et il s'est écrié : « Cette scène ne se joue pas comme ça. » Sa remarque n'avait rien de péjoratif. Il s'affirmait plutôt comme une sorte de gardien du temple. Il s'est d'abord tourné vers Erland Josephson et lui a demandé si ça ne l'ennuyait pas qu'il lui donne son texte… Il l'a fait répéter sous nos yeux ! J'étais le suivant ! Sir John nous a donné une leçon d'art dramatique durant une bonne trentaine de minutes. Voilà un truc incroyable !

Pour une rencontre aussi riche que celle-ci, Michel Blanc est capable d'accepter même un petit rôle sans consistance et de sauter dans un train. Il n'a parfois rien à jouer, mais il y a toujours à apprendre des autres comédiens ou du metteur en scène. Sa présence au générique de *Prêt-à-porter* en est la plus stricte illustration. L'immense Robert Altman tourne un film à Paris en pleine semaine de la mode au printemps 1994. Cette comédie policière bénéfice d'un casting de haute volée, avec Marcello Mastroianni, Sophia Loren, Kim Basinger, Rupert Everett, Julia Roberts ou encore Jean-Pierre Cassel. Michel Blanc est désigné pour faire équipe avec Jean Rochefort, dans la peau de deux inspecteurs parisiens. Ils enquêtent sur le meurtre du président de la Chambre syndicale du prêt-à-porter, un fait-divers qui entache le milieu de la mode tout entier. Malheureusement, le cinéaste américain mêle un nombre incalculable d'intrigues qui desservent une distribution quatre étoiles sous-exploitée.

Je ne pouvais pas refuser un film de Robert Altman. Hélas, Prêt-à-porter *n'est pas le meilleur... Disons pour résumer que cette période n'est pas franchement une période à l'international, mais plutôt une période en anglais !*

Peu de temps auparavant, Michel Blanc répond aussi à l'invitation de Roberto Benigni pour *Le Monstre*. Le comique italien vient tout juste d'être intronisé comme le digne successeur de Peter Sellers au générique du *Fils de la Panthère rose*, dernier volet de la série de films signés Blake Edwards. Là encore, l'acteur français prend son billet pour Rome sans l'ombre d'une hésitation.

La production française avait suggéré mon nom aux Italiens et je suis parti à la rencontre de Roberto en Italie. Nous avons discuté un moment ensemble et il m'a dit, avec l'accent : « Tou est beau, ma tou est beau ! » Devant tant de gentillesse, je ne pouvais pas refuser, d'autant plus que Robert est un être délicieux.

Dans cette nouvelle folie, l'Italien devient le « monstre » que la police espère pincer, croyant avoir face à elle le pire des criminels sexuels doublé d'un sociopathe ô combien dangereux pour la population. Les autorités n'ont aucun doute sur la question. Elles ont même les preuves par l'image… Sauf que les vidéos sont parfois trompeuses. Tout le scénario repose sur la confusion entre le réel et le supposé, en d'autres termes un quiproquo total. Loris (Roberto Benigni) n'a rien du « monstre » désigné, mais au contraire tout d'un maladroit maladif qui n'est jamais au bon endroit au bon moment. Dans un parking souterrain, le voici déchargeant une camionnette remplie de mannequins et d'une tronçonneuse. Lorsqu'une vieille dame s'approche de sa voiture, l'engin se met en marche et Loris ne sait plus comment l'arrêter. Elle aperçoit les corps, entend le moteur et voici que surgit le « monstre » qui lui court après avec sa tronçonneuse. Muette, la vidéosurveillance balaie toute incertitude ! Ce type de situation est décliné plusieurs fois dans la comédie. Roberto Benigni livre une interprétation clownesque réussie. Face à lui, Michel Blanc campe un prétentieux psychiatre beaucoup plus austère, chargé d'approcher « la bête » pour l'étudier et mieux la coincer. Ce contraste accentue le burlesque.

Pour sa préparation, l'acteur français n'a pas eu besoin de suivre une psychanalyse ou d'errer dans les couloirs d'un hôpital psychiatrique, comme auraient pu le faire les Américains adeptes de la méthode dite « de l'Actors Studio ». Il n'a jamais été de cette école, du reste, pas même lorsqu'il s'assoira derrière le bureau du directeur de cabinet de *L'Exercice de l'État* en 2011. Durant la promotion du *Monstre*, il l'explique chez Michel Drucker par un mot d'esprit : « Si on me proposait un rôle œdipien, je ne coucherais pas avec maman pour savoir… Donc, ce n'est pas la peine[1]. » Avec le recul, sa prestation ne l'enthousiasme pas pour autant.

Je ne suis pas bon dans Le Monstre*, d'autant moins bon que Roberto excelle en la matière. Il est très difficile de jouer comme lui. Sur le tournage, il m'encourageait en disant : « Là, tou t'énerve ! Tou montes sour la table ! » Je ne savais pas le faire ! Alors, j'ai suivi sa direction quand même, mais mal…*

Dominique Lavanant a aussi fait le déplacement pour cette comédie multilingue, interprétant l'épouse du spécialiste. *Le Monstre* a fait un carton en Italie, doublant *Le Roi lion* ou *Forrest Gump* au box-office. La carrière du film en France s'est avérée plus discrète. Roberto Benigni, le « Woody Allen transalpin », comme ont souvent titré les journaux, n'a pas encore réalisé *La vie est belle*. En 1995, son humour demeure encore une énigme au pays du Splendid et des *Visiteurs*. Au-delà de son personnage, Michel Blanc a accepté de superviser l'adaptation française

1. Michel Drucker, « Studio Gabriel », France 2, mars 1995.

et le doublage. Patrick Timsit a hérité du personnage de Roberto Benigni.

Patrick et moi avions travaillé tous les deux auparavant sur une publicité pour un désodorisant d'intérieur. Elle n'a d'ailleurs jamais été diffusée. Les clients l'ont refusée, car nous étions allés trop loin ! Quand je suis parti à la recherche d'une voix pour doubler Roberto, je n'ai trouvé personne d'équivalent, alors j'ai pris une autre direction. Patrick Timsit apporte une autre couleur au personnage. Le doublage du Monstre *n'était pas mon premier. En 1985, Christian Fechner m'avait demandé de faire le texte français et de diriger la post-synchro du film* Ouragan sur l'eau plate, *une comédie anglaise avec Michael Caine. J'avais réussi à avoir Jean Carmet, Jacques François, Dominique Lavanant et Josiane Balasko. L'expérience avait été assez marrante, même si j'avais pris plus de temps à le faire que les grands habitués du genre.*

Cinquième partie

Le chef d'orchestre

Jacques Audiard, *Je veux faire du cinéma*

« Je n'ai pas réussi à mener ce projet jusqu'au bout »

Si l'acteur semble effacer l'auteur et le metteur en scène aux yeux du grand public durant une dizaine d'années, Michel Blanc ne cesse jamais d'écrire et d'adapter depuis *Marche à l'ombre*. De musique il est toujours question, mais aussi du rapport entre le public et les artistes. Dès 1985, il profite de son retour au Splendid et de *Nuit d'ivresse* pour présenter un projet à Josiane Balasko. Il développe l'histoire d'un pianiste classique entraîné dans l'Allemagne des années 1930 à cause d'une chanteuse. Ce film ne verra jamais le jour, mais le sujet le poursuit longtemps. Il triture les mots et les situations sans parvenir à cerner son propos pour éviter de verser dans le drame. Jacques Audiard travaille à ses côtés durant de longues séances d'écriture.

J'avais l'idée d'un fantaisiste qui aurait voulu être pris au sérieux, devenir quelqu'un qu'il n'était pas dans le regard des autres. En misant sur un réalisme contemporain, il me manquait une distance nécessaire pour ne pas donner l'impression d'un sujet douloureux. Je ne voulais pas en faire un drame. J'ai donc choisi de situer l'action dans l'époque du music-hall des années 1930. En même temps, j'avais aussi envie de parler de mon grand-oncle maternel, Georges, un vrai branleur qui avait la chance d'avoir une voix de baryton. Il avait essayé de se lancer dans les caf'conc' dans les Années folles. Quand j'étais jeune, il nous faisait tous les dimanches son tour de chant en bout de table à la fin du repas. Je connaissais tout le répertoire. Je n'ai pas réussi non plus à mener ce projet jusqu'au bout. J'avais le décor, les costumes, les musiques, l'ambiance, mais mon idée n'était pas assez forte. Au fond, quel était le propos ? J'ai un peu torturé Jacques Audiard… le pauvre !

Alors qu'il n'a pas encore la clé qui lui ouvrira la porte de la réalisation de son prochain film, Michel Blanc s'adonne au plaisir de l'adaptation pour le théâtre, un art dans lequel il excelle depuis ses premiers essais avec Patrice Leconte et qui le passionne.

Il fut un temps où il y avait une ou deux agents qui représentaient des auteurs anglo-saxons. Elles m'envoyaient régulièrement des pièces en anglais en me demandant ce que j'en pensais, histoire de voir si elles m'intéressaient. J'étais toujours partant. J'adore ça ! Je ferais même des adaptations en vacances, et avec bonheur. On m'a demandé ce genre d'exercice très tôt. Les premières n'ont pas été montées. Par exemple, je me rappelle que le directeur du Palais-Royal, Jean-Michel Rouzière, m'avait envoyé un boulevard intitulé Minuit à Moscou. *Finalement, il m'a sorti sa grande phrase : « C'est pas pour Paris, coco ! » Plus tard, j'ai aussi été emballé par* Six degrés de séparation. *Le même Jean-Michel Rouzière m'avait répondu la même chose. Au tout début, je travaillais en demandant à une traductrice de me faire un premier mot à mot pour que je ne fasse pas de contresens. Après, j'ai amélioré mon anglais auprès des Boorman et lors de mes nombreux voyages londoniens. Je n'ai plus besoin de traducteur aujourd'hui, sauf quand j'ai un doute sur une expression particulière.*

En 1992, Michel Blanc s'attaque à un texte du célèbre dramaturge américain Neil Simon, à la demande du théâtre de la Michodière. *I Ought to Be in Pictures* a été créée en 1979 à Los Angeles et devient *Je veux faire du cinéma* pour le public parisien. La pièce du boulevard américain a déjà fait l'objet d'une version au cinéma, réalisée en 1982 par Herbert Ross et portée à l'écran par Walter Matthau, Ann-Margret et Dinah Manoff. Non seulement Michel Blanc adapte les mots pour la partition française, mais il occupe également le poste du metteur en scène, apparenté au chef d'orchestre.

La comédie à trois personnages suit les péripéties d'un scénariste installé dans le quartier de West Hollywood depuis qu'il a abandonné sa famille sur la côte Est, seize ans plus tôt. Et sa fille de sonner un beau jour à sa porte, convaincue que son père va lui offrir la carrière dont elle rêve au cinéma… En plus d'avoir des difficultés chroniques face à la page blanche, Herbert Tucker subit un autre choc. Lui qui s'était depuis toujours protégé de tout attachement va réviser son éducation sentimentale en l'espace de quelques scènes, un terrain propice à l'humour distancié de Michel Blanc. « Pourquoi as-tu peur des attachements ?

demande la jeune fille à son père. – Parce que j'ai peur des détachements », lui répond-il.

Au point de départ de *Je veux faire du cinéma*, Michel Blanc n'a pas envisagé de camper ce scénariste d'une quarantaine d'années. Mais, très vite, l'adaptateur s'approprie ce personnage à l'esprit tordu et perclus de doutes. Comme lui, il s'agit d'un scénariste en mal d'inspiration, mais aussi maniaque, hypocondriaque et cynique. Herbert Tucker lui semble si proche que, lorsqu'il enfile son habit de metteur en scène, il ne se voit pas expliquer à un autre acteur les tenants et les aboutissants de son écriture… Michel Blanc préfère donc jouer le rôle principal, entouré par Michèle Laroque et Judith Godrèche, jeune espoir du cinéma français après *La Désenchantée*. Elle est à l'image de son rôle, tout à la fois très spontanée et avec un caractère fort.

Je veux faire du cinéma vaut à l'orchestrateur des mots Michel Blanc sa première nomination pour le Molière 1992 de la Meilleure adaptation d'une pièce étrangère, le début d'une longue liste qui fera de lui le meilleur dans sa catégorie, au théâtre comme au cinéma. *A contrario*, il s'agit de sa dernière mise en scène pour le spectacle vivant.

Le théâtre vous prend trop de choses. Sur scène, les comédiens ont peur jusqu'à la première. Tant que le public n'est pas là, personne n'a la preuve qu'on ne se trompe pas. Et la peur, il faut la calmer, donc le metteur en scène est une éponge à angoisses. Alors chaque soir, quand on rentre à la maison, toutes les angoisses ont bien été épongées et c'est très dur ! Au cinéma, l'inquiétude des acteurs n'est pas du tout la même. Au clap, il y a bien sûr cette grande solitude, mais le réalisateur peut dire à l'interprète que sa prise est formidable et on passe à la suivante.

Après l'étape des répétitions, vient ensuite le temps des représentations. Là encore, à l'inverse du cinéma où le réalisateur maîtrise ses choix jusqu'à l'impression sur la pellicule, le théâtre laisse à l'acteur une liberté d'action dès lors que le rideau se lève. Suivant les soirs et les publics, les effets répétés ne fonctionnent pas toujours et la troupe peut parfois se laisser emporter par le confort de la surenchère. À son pupitre, le chef d'orchestre Michel Blanc aime au contraire contrôler le rythme et les mouvements, la précision étant l'une des valeurs cardinales de son art. Sauf qu'un texte n'est pas tout à fait aussi strict qu'une partition. Et le metteur en scène n'est pas assis au premier rang pour diriger ses interprètes.

Le public peut vous pousser à la faute, au théâtre. Quand le torchon se lève, il y a la foule. Dans une comédie, elle peut vous entraîner vers des effets trop appuyés ; un rire la veille, et vous en rajoutez le lendemain. La conséquence ? Dix jours plus tard, vous faites n'importe quoi. J'avais déjà vécu ça sur L'Excès contraire. *Vous êtes le papa de toute la troupe pendant les répétitions et jusqu'à la fin de l'exploitation. C'est insupportable. Les acteurs sont des enfants capricieux à certains moments. Attention, je ne suis pas péjoratif puisque je m'intègre dedans. Je ne pourrais plus mettre en scène à nouveau au théâtre qu'entouré de gens très proches, comme Josiane par exemple.*

Malgré sa présence sur la scène du théâtre de la Michodière, Michel Blanc n'en oublie pas l'écriture de son prochain film. Patrice Ledoux, qui travaille chez Gaumont, a vu l'auteur face à ses difficultés. Il a peut-être la solution. Il lui propose une collaboration avec… Bertrand Blier.

Grosse fatigue, Carole Bouquet, *Les Grands Ducs*

« Ce sont des rapports de fous, mais des deux côtés »

À ce stade de sa carrière, *Tenue de soirée* et *Merci la vie* sont sans aucun doute parmi les expériences de jeu les plus déterminantes pour Michel Blanc. Écrire et tourner un film avec Bertrand Blier ne provoque pas l'effet escompté, du moins immédiatement. L'acteur et scénariste a la foi des cartésiens, il aime se documenter, dominer ses personnages et cadrer son récit dans le sens le plus strict du terme, là où Bertrand Blier n'est qu'abandon et folie. L'un et l'autre n'ont pas les mêmes repères sur le chemin de la création.

Bertrand est parti sur quelque chose qui était trop personnel. Rapidement, je me suis aperçu qu'il devait faire le film lui, et pas moi. Dans le meilleur des cas, les journalistes auraient dit que j'avais tourné du sous-Blier. Auprès de lui, j'ai compris que le cinéma rimait avec liberté. Pourquoi faire du raisonnable avec un média qui permet le déraisonnable ? Il m'a permis d'aborder l'écriture et la réalisation sous un autre angle et d'abandonner mes réflexes et mes fiches. Quand tout est rédigé d'avance, votre imagination est forcément bridée puisque vous savez qu'il va falloir arriver à quelque chose... Avec Bertrand, quand vous écrivez une idée qui vous fait bien rire, vous pouvez foncer. Comme toute liberté, par contre, vous prenez énormément de risques aussi. Vous n'êtes sûr de rien, sauf que vous ne vous interdisez rien. Je ne pouvais pas amener les idées de Bertrand à moi, alors j'ai dit stop. Et mon projet a encore traînouillé.

Pendant ce nouveau moment de flottement, Michel Blanc campe un troisième rôle dans *Toxic Affair*, une production Gaumont réalisée par Philomène Esposito qui lui vaut une scène face à Isabelle Adjani. Il joue un suicidaire au bout du rouleau, le temps d'un monologue tiré au cordeau. « J'ai même raté mes suicides », analyse son personnage entre deux maladresses à la terrasse d'un café. La déprime rôde. Elle éclatera au grand jour dans son prochain film, résolument sur le point d'aboutir...

J'ai appris que des gens s'intéressaient quand même à mon idée de départ. Je ne voulais pas me faire piquer mon sujet. Alors j'ai repris une des inventions de Bertrand qui était que les acteurs jouent leur propre rôle à l'écran. J'ai rebâti toute l'histoire de mon film en conservant ça.

Ainsi est donc né *Grosse fatigue*. Abandonnés les savants fous, les années 1930, la chanteuse incarnée par Josiane Balasko ou le meurtre de Catherine Deneuve à coups de César, Michel Blanc tient l'idée centrale qui peut amener le rire. Il s'inspire aussi d'une anecdote vécue par son ami Gérard Jugnot. Pour les besoins d'un de ses films, il avait eu recours à une doublure lors du tournage d'une séquence. L'homme qui lui ressemblait trait pour trait avait ensuite eu l'audace de se faire passer pour le vrai Jugnot pour facturer des animations dans les supermarchés... Plus loin que le seul concept du sosie et des quiproquos qui peuvent découler d'une telle situation, le scénario de Michel Blanc pousse aux limites de l'absurde le questionnement du rapport entre la vedette et le public.

Ce sont des rapports de fous, mais des deux côtés. Se balader dans la rue et savoir que deux personnes sur trois vous connaissent alors même que vous ne les avez jamais vues provoque un sentiment très étrange. Quand je prends le bus, c'est aussi assez marrant. Je vois bien que certains me regardent et semblent persuadés que ça ne peut pas être moi dans les transports publics. Il y en a beaucoup d'autres qui ne me calculent pas parce que je ne suis ni Alain Delon ni Jean-Paul Belmondo. Personnellement, la célébrité ne me dérange pas puisque ce phénomène est intervenu très tôt dans ma vie. Mes camarades et moi avons fait Les Bronzés *à vingt-cinq ans. Avec le temps, je suis un peu devenu comme un copain de la famille par le biais de mes personnages. J'aimerais continuer à avoir le beurre et l'argent du beurre, à connaître le succès, parce que ça aide à vivre de savoir que des gens vous apprécient pour ce que vous faites, mais en même temps je voudrais aussi continuer à vivre comme tout le monde, aller au rayon bricolage du BHV ou à Monoprix quand bon me semble. Et pour l'instant, ça marche.*

Le déclic ayant eu lieu, Michel Blanc échafaude une intrigue dont il sera les deux premiers rôles au sens propre, sans narcissisme. Il y aura aussi Carole Bouquet, Charlotte Gainsbourg, David Hallyday, Mathilda May, Guillaume Durand, Roman Polanski ou encore Philippe Noiret, pour ne citer qu'eux. Dans la scène jouée par ce dernier, le réalisateur laisse entrevoir une autre thématique qui lui ressemble, celle des choix et d'une carrière qui peut vous échapper en un rien de temps. Pleine de philosophie, la réplique de Philippe Noiret en dit long : « Vous donnez les clés pour les trucs qui vous emmerdent à quelqu'un, et un jour la clé ne rentre plus dans la serrure. Il a pris votre place. » Derrière ces mots, Michel Blanc évoque ces rôles dans les films moyens que les acteurs acceptent sans trop regarder le scénario, souvent par amitié, voire carrément pour ne pas disparaître du métier. Mener une carrière sans fausse note n'appartient pas au commun des vedettes, simples mortels comme tous les autres. Il s'agit plutôt de ne pas se laisser enfermer dans un registre plus qu'un autre, de ne pas trop flatter son public avec des évidences et de repousser ses propres limites, sans quoi votre sosie vous remplace…

Michel Blanc a consciemment évité tous les pièges où sont tombés plus d'un complice de scène. Il se montre bien trop exigeant envers lui-même, au point parfois de faire douter les observateurs avertis. On l'a dit caractériel, lunatique, méfiant, égoïste ou insaisissable. Il sait bien que l'image qu'il renvoie au premier abord peut poser question. Lui s'en étonne sincèrement et ne cache pas sa vérité, pleine de doutes. En toute conscience, il s'appuie sur sa propre représentation pour mieux accentuer ses défauts dans *Grosse fatigue*. Il se moque de sa propre carrière, avec des mots lourds tout à la fois de signification et d'un implacable sens de l'autodérision. Dans la bouche de Patrick Olivier, qui a volé l'identité du vrai Michel Blanc, il ose : « Vous croyez que c'est facile d'avoir votre gueule ? D'autant que vous les avez collectionnés, les rôles de cons ! Ça ne vous dirait pas de varier un peu, ça vous aurait évité deux ou trois navets ! »

De toute la distribution, Carole Bouquet crève l'écran. Personne n'avait jamais osé lui proposer un rôle aussi proche de sa personnalité, mais aussi loin de son image. Depuis leur rencontre sur *Nemo* en 1984, Michel Blanc et l'actrice sont restés amis proches.

Au début, Carole était la créature magnifique de Buñuel. Or, c'est une créature magnifique mais quand elle y va… elle y va ! J'adore lui écrire des répliques comme « Vous avez fini votre numéro de sous-Woody Allen franchouillard ? » ou des trucs grossiers. En plus, elle adore ça. Par exemple, j'ai écrit : « Vas-y, salaud, prends-moi comme une ouvrière » en me délectant car je l'imaginais prononcer la phrase. Et toute l'équipe est d'ailleurs restée sur le carreau quand elle l'a jouée. C'était tellement juste. Ce n'est pas parce qu'on connaît un stradivarius qu'on n'est pas surpris par la beauté du son.

L'intrigue de *Grosse fatigue* rend également possible l'une des réunions à l'écran les plus attendues par le public depuis *Les Bronzés font du ski*, à savoir les retrouvailles du Splendid. La scène intervient au retournement du film, lorsque l'effet miroir s'inverse et vire à la mise en abyme. Dans la première partie, Michel Blanc se croit malade en voyant que son monde tourne à l'envers. On lui reproche d'abord d'avoir présidé la soirée « Miss Gros seins Festival ». Et puis Josiane Balasko l'accuse de viol… L'hypocondriaque excessif refait surface, jusqu'à la découverte de son double. Et vient l'instant où le vrai Michel Blanc laisse sa vie à Patrick Olivier, son sosie, pour prendre des vacances à l'autre bout du monde dans un instant de faiblesse. Lorsqu'il revient, trop tard, le mal est fait, sa vie ne lui appartient plus. Et ce sont justement ses amis les plus proches qui ne le reconnaissent plus. Dans son appartement, Carole Bouquet pousse la porte de la salle à manger. Autour de la table sont assis Thierry Lhermitte, Gérard Jugnot, Christian Clavier, Marie-Anne Chazel, Josiane Balasko, Dominique Lavanant et Patrick Olivier, son sosie.

Michel Blanc. – Pourquoi vous dites rien, les mecs, parlez-moi ! Vous allez pas vous faire avoir par ce type ?
Thierry Lhermitte. – C'est vrai qu'il y a quelque chose, hein...
Dominique Lavanant. – Enfin, chouchou, c'est évident que ce n'est pas lui !
Gérard Jugnot. – Je me serais pas laissé avoir... Ils ont de la merde dans les yeux.
Christian Clavier. – Le regard, c'est pas du tout ça.
Michel Blanc. – Arrêtez, c'est plus drôle maintenant !
Marie-Anne Chazel. – Moi, c'est la voix qui me gêne. Il a pourtant pas une voix de pédé, Michel ?
Josiane Balasko. – Alors le voilà, le salopard qui m'a violée !

Quelques secondes plus tard, le vrai Michel Blanc est jeté dans l'escalier de son immeuble, laissant son double attablé avec ceux qui le connaissent certainement le mieux. Voilà le comble de l'ironie. En coulisses, le tournage de cette séquence n'a pas été de tout repos pour les nerfs et les zygomatiques. Ce jour de juin 1993, les retrouvailles du Splendid devant la caméra se soldent par quatre heures supplémentaires de tournage pour cause de crises de rire à répétition. « Ça a coûté une fortune à la Gaumont. Quand on se retrouve, d'un seul coup, ça déconne à plein tube ! D'ailleurs, on ne déconnait pas autant quand on était ensemble. Maintenant, il y a une hystérie liée au plaisir de se retrouver, de voir que le chemin continue, qu'on n'est pas morts[1]… » se souvient Gérard Jugnot.

Depuis la fin du Splendid, chacun des membres de la famille a pris sa propre direction au cinéma et sur les planches. Aucun d'entre eux n'a perdu de vue l'un ou l'autre, mais personne n'est parvenu à les réunir dans un même plan depuis 1979. Michel Blanc aura été le premier à prendre ses distances professionnelles avec le groupe, et le premier à les rassembler. Du reste, il n'a jamais refusé d'apparaître au générique des projets de ses camarades, en interprétant le chirurgien Verdiglione dans *Sans peur et sans reproche* de Gérard Jugnot en 1988 ou l'Hindou dans l'un des segments du film à sketchs de Thierry Lhermitte, *Les Secrets professionnels du docteur Apfelglück* en 1991.

Produit par Daniel Toscan du Plantier et Gaumont, *Grosse fatigue* renvoie Michel Blanc sur les marches du palais des Festivals à Cannes. L'effet miroir s'accentue donc jusqu'à la Croisette où l'action du film démarre, en présence du président Gilles Jacob. Après son prix d'interprétation quelques années plus tôt, l'auteur reçoit cette fois-ci le prix du scénario, mais également le grand prix de la Commission

1. Interview au magazine *Première*, décembre 1996.

supérieure technique. Le jury, présidé cette année 1994 par Clint Eastwood, couronne *Pulp Fiction* de Quentin Tarantino et *La Reine Margot* de Patrice Chéreau. Dès la sortie, les journalistes veulent tous percer le mystère Blanc, dénouer le vrai du faux... *Grosse fatigue* affiche l'acteur plus totalement, mais seulement en apparence... car le film brouille la frontière entre sa personnalité supposée et son rôle à l'écran. Plus exposé que jamais, Michel Blanc choisit de quitter la lumière après avoir passé près d'un an et demi à écrire et à jouer son propre reflet déformé.

Tout juste accepte-t-il courant 1995 de tourner à nouveau sous la direction de Patrice Leconte dans *Les Grands Ducs*. Le rôle du producteur véreux de la tournée *Scoubidou* devait initialement revenir à Patrick Timsit, un choix qui posa question aux interprètes principaux du film, Philippe Noiret, Jean Rochefort et Jean-Pierre Marielle. « En fait, ils n'avaient pas de doutes sur ses capacités d'acteur, mais pensaient qu'un juif organisateur véreux de tournées allait faire problème, et qu'on allait les taxer d'antisémitisme, eux, trois Français tout ce qu'il y a de plus traditionnels[1]. » Il faut donc trouver un remplaçant pour incarner Chapiron. Le producteur, Thierry de Ganay, souhaite un visage populaire pour ce second rôle. Patrice Leconte pense à Michel Blanc, qui accepte sans sourciller. Sans doute aurait-il dû laisser son sosie jouer dans *Les Grands Ducs*.

Patrice m'a demandé de faire le film parce que les télés voulaient un acteur de la génération d'en dessous pour contrebalancer le trio de vedettes. Cette comédie n'était pas

1. Patrice Leconte (avec Hubert Prolongeau), *J'arrête le cinéma*, *op. cit.*

honteuse à faire, mais j'ai eu l'impression que Patrice voulait aller très vite sur le tournage, comme s'il voulait s'en débarrasser. Et moi, ça m'agaçait. Nous nous sommes engueulés une fois. Ce n'était jamais arrivé et cela m'a refroidi. Après, je suis devenu totalement indifférent. Je me suis éloigné de lui.

Dans les faits, les raisons qui poussent Michel Blanc à accepter le rôle de Chapiron ne répondent à aucune des règles qu'il s'est fixées depuis *Tenue de soirée.*

Il y a trois conditions pour que j'accepte un rôle. Premièrement, je trouve le scénario formidable. Deuxièmement, le rôle est formidable. Et, troisièmement, je ne suis pas sûr d'y arriver, cela me fait peur. Si ces trois conditions sont réunies, j'accepte. En revanche, si je me dis que je vais y arriver, cela signifie que je l'ai déjà fait et cela ne présente pas d'intérêt. Il me faut donc refuser le rôle.

Les Grands Ducs auront été l'exception qui confirme la règle.

Mauvaise passe, Le Marchand de Venise, Daniel Auteuil

« J'ai vécu trois ans d'emmerdements à cause d'une producteur un peu mytho »

Dans la foulée du succès de *Grosse fatigue*, Michel Blanc ne tarde pas à se remettre au travail avec un nouveau projet pour le cinéma. L'écriture de *Mauvaise passe* démarre dès 1996, mais le film ne sortira sur les écrans qu'en novembre 1999. La situation initiale a été définie par Hanif Kureishi, le romancier britannique auteur de *The Bouddha of Suburbia* et de *The Black Album*. Il s'agit d'un Français qui pète les plombs en pleine crise de la quarantaine. Étouffé par sa vie de professeur d'université, il quitte tout, part pour Londres et finit par faire l'escort… À partir de ce synopsis, Hanif Kureishi ne parvient pas à bâtir seul le propos du film attendu. Michel Blanc part le rejoindre en Angleterre pour accélérer la manœuvre.

J'ai compris pourquoi Hanif était bloqué. C'est un romancier qui sait écrire pour lui, mais un film pour moi, ça l'a amusé au début… Il a eu l'idée et après il n'avait plus de stimulus. La situation est restée coincée durant huit mois. Au bout du compte, j'ai fini par lui dire : « Hanif, laissons tomber. » J'ai même pensé sérieusement laisser tomber moi-même à ce moment-là. Et puis, j'ai écrit le scénario en français pour ensuite le faire traduire en anglais.

Le projet *Mauvaise passe* n'en est encore qu'au début d'un long tunnel interminable. Le film portera bien son titre.

J'ai vécu trois ans d'emmerdements à cause d'un producteur un peu mytho. Il m'a embarqué alors qu'il n'arrivait pas à monter le projet.

Dans ce laps de temps, le chef d'orchestre Michel Blanc abandonne sa baguette et trouve de nouveaux terrains d'enjeu sur les scènes du théâtre contemporain et classique. En janvier 1995, il revient à la littérature avec *Le Marchand de Venise* de William Shakespeare. Après la leçon d'interprétation de « Sir John » sur le tournage de *Prospero's Books*, l'acteur est mis en scène par Jean-Luc Tardieu à la Maison de la culture de Loire-Atlantique à Nantes. La pièce a été adaptée par Éric-Emmanuel Schmitt. Michel Blanc incarne le rôle de Shylock, le vieil usurier juif qui a prêté de l'argent à Antonio. Le contrat stipule qu'il sera autorisé à prélever une livre de chair s'il n'est pas remboursé. L'échéance dépassée, Shylock compte bien obtenir son dû, et plus largement prendre sa revanche sur ces chrétiens qui l'ont tant humilié.

Heureusement qu'il n'y a pas eu d'enregistrement, parce que c'était raté. Je m'en suis rendu compte dès les répétitions et je n'ai jamais réussi à bien le jouer. Nous n'étions pas partis dans la bonne direction. J'avais besoin d'un metteur en scène qui m'embarque, or je ne l'ai pas été. Sûrement est-ce de ma faute. Ce genre de partition se joue à deux.

Puisque Shylock n'est qu'un rôle épisodique dans la pièce, Michel Blanc passe de longs moments dans les coulisses. Il a repéré un Steinway de concert dans le foyer du théâtre. Pendant ses pauses, l'acteur se fait musicien sur ce piano au son exceptionnel sur lequel il est si rare de pouvoir s'exercer. En scène au même instant, Isabelle Gélinas, Jean-Paul Solal, Christophe Laubion, Stéphane Slima, Thomas Jouannet et toute la troupe donnent corps aux mots de Shakespeare dans un décor austère fait de vieilles pierres, éclairé par Jacques Rouveyrollis.

Tsilla Chelton est venue me voir dans le rôle de Shylock. J'étais mort de trouille. Elle s'est glissée dans les coulisses à l'issue du spectacle. Elle m'a complimenté, avant d'ajouter : « Par contre, ne lâchez pas les fins de phrase. Au théâtre, il faut aller au bout. » Elle m'a corrigé et elle avait raison. Ce moment m'a rappelé les heures passées chez elle à travailler les premiers mots de Richard III.

Au mois d'avril 1995, Michel Blanc remplace aussi Fabrice Luchini dans la pièce *Art* de Yasmina Reza. Il incarne Serge, ce dermatologue snob qui vient d'acquérir une toile peinte en blanc, sujette à discorde entre amis. Pierre Vaneck et Pierre Arditi complètent le trio sur la scène de la Comédie des Champs-Élysées. Derrière l'allure d'une comédie bourgeoise empreinte d'intellectualisme, *Art* est un jeu de massacre délicieux qui met à mal tous ses personnages pris au piège du jeu des vérités. Sa mécanique implacable sera empruntée quelques années plus tard par les auteurs du *Prénom*, une autre histoire d'amitié qui se délite en temps réel sur un tout autre sujet.

Oubliés le metteur en scène et l'acteur de théâtre, Michel Blanc consacre les saisons suivantes à l'adaptation de pièces étrangères. Il lit l'anglais et prend un plaisir non dissimulé à s'approprier les mots d'autres auteurs pour les offrir à des interprètes français. *Temps variable en soirée* occupe l'affiche du théâtre de la Renaissance à partir du vendredi 13 septembre 1996, une date symbolique choisie par la direction. Les deux programmateurs des lieux ne sont pas du tout des visages inconnus. Depuis 1993, Bruno Moynot et Christian Spillemaecker veillent au bon fonctionnement du théâtre de la Renaissance, en plus de celui du Splendid. Dominique Lavanant et Zabou Breitman dominent la distribution de cette comédie d'Alan Ayckbourn qui flirte avec la science-fiction. L'argument débute en 2014. Une jeune femme prénommée Ramona est appelée au chevet d'un mourant, pour découvrir qu'il porte un secret qui entraînera la mort de deux autres personnes… Elle est envoyée vingt ans plus tôt pour tenter d'aller contre l'histoire. Ruella, interprétée par Dominique Lavanant, remontera elle aussi le temps, jusqu'en 1974.

J'ai quand même été obligé d'apprendre le texte de Temps variable en soirée, *parce que l'un des comédiens principaux a fait une hémorragie nasale. Il lui a été interdit de jouer alors que nous arrivions en pleines fêtes de fin d'année, soit la plus grosse période pour les entrées. J'avais fait l'adaptation et je n'avais pas du tout envie que la pièce s'arrête. Alors je me suis lancé. Je n'ai eu que deux jours ! Zabou et toute la troupe ont été formidables. Ils me poussaient sur scène quand c'était à moi parce que je ne savais pas du tout quand je devais entrer. Parfois, j'avais des trous et ils me mettaient discrètement sur la piste... Au bout de sept ou huit représentations, ça allait mieux... Il faut bien comprendre qu'écrire un texte et jouer un texte sont deux choses différentes. D'ailleurs, je suis plus à l'aise pour dire les mots des autres que les miens ! Je connais la musique de mes textes, mais je suis capable de remplacer un terme par un autre à l'intérieur de la même phrase... J'en sors troublé et je m'arrête. À l'inverse, quand je joue du Blier par exemple, je ne peux pas me tromper dans sa musique. Elle est parfaite.*

Michel Blanc adaptera à nouveau l'humour britannique d'Alan Ayckbourn en 2003, avec *L'amour est enfant de salaud*, jouée au théâtre Tristan Bernard par, entre autres, Isabelle Gélinas et Bruno Madinier. Pour ces deux pièces, l'adaptateur a reçu une nouvelle nomination aux Molières 1997 avant d'obtenir la récompense lors de la cérémonie en 2004. Le dramaturge britannique a également inspiré quelques-uns de ses succès à Alain Resnais, comme *Smoking/No smoking*, *Cœurs* et *Aimer, boire et chanter*.

Avant *L'amour est enfant de salaud*, Michel Blanc travaille à quatre mains avec Gérard Jugnot sur le texte d'*Espèces menacées*, d'après Ray Cooney. La comédie connaît un très grand succès au théâtre de la Michodière, avec Martin Lamotte, Gérard Jugnot, Didier Caron et Michèle Garcia à partir du 9 octobre 1997. Et là encore, Michel Blanc hérite d'une nouvelle nomination aux Molières pour son travail d'adaptation. Les années suivantes, les titres se suivront :

La Valse de Manhattan en 2001 (d'Ernest Thomson), *Frankie et Johnny au clair de lune* en 2004 (de Terrence McNally) et *Tantine et moi* en 2005 (de Morris Panych). Cette dernière pièce à l'humour très noir a la particularité de reposer sur un dialogue entre les deux personnages campés par Francis Perrin et Monique Chaumette, à la seule variante de taille que la vieille dame reste absolument silencieuse durant toutes les scènes. Entre rires et larmes, *Tantine et moi* est un morceau de bravoure pour ses interprètes, l'un communiquant par les mots et l'autre par le regard.

À partir d'octobre 1999, le théâtre Antoine a également affiché sur son fronton les noms de Daniel Auteuil et de sa compagne, Marianne Denicourt. Mise en scène par Bernard Murat, *La Chambre bleue* décline les situations amoureuses en cinq scènes et autant de personnages qu'a façonnés David Hare et que s'est réappropriés Michel Blanc. Le choix de Daniel Auteuil ne doit rien au hasard. L'acteur vient d'achever le tournage de *Mauvaise passe* à Londres, dont la sortie est (enfin) annoncée pour le mois de novembre 1999.

Après plusieurs années de galère absolue, le projet a été sauvé par Claude Berri. Au terme d'une pré-production douloureuse, le tournage a été vécu comme un moment délicieux.

Le tournage a été divin parce que nous avons tourné à Londres avec un acteur divin. Daniel a été d'un professionnalisme exemplaire. Il jouait en anglais, une langue qu'il ne maîtrisait pas totalement. Il bossait comme un fou avec un coach, d'autant plus que tous les autres acteurs étaient britanniques.

Daniel Auteuil n'a rien laissé au hasard pour son interprétation de Pierre, un professeur d'université plongé dans l'univers des escorts du Londres contemporain. Michel Blanc quant à lui n'a jamais voulu apparaître à l'image. Être devant et derrière la caméra relève sciemment de la schizophrénie. Les expériences de *Marche à l'ombre* et de *Grosse fatigue* lui ont ouvert les yeux. Lorsque l'acteur joue, le metteur en scène s'absente et l'interprète se laisse prendre dans les filets de la facilité. Il lui manque cet indispensable regard extérieur. Michel Blanc s'est donc juré de rester dans l'ombre au maximum pour chacune de ses réalisations futures. Sur *Mauvaise passe*, il a voulu se débarrasser complètement de l'acteur Blanc pour aller encore plus loin dans la mise en scène. Il a su dès l'écriture du scénario que la caméra à l'épaule traduirait le mieux son intention.

J'aime bien que le fond et la forme se rejoignent. Pour moi, le sujet c'est un type tout seul qui se retrouve à Londres dans un tourbillon. Il fallait que la caméra le suive, que le spectateur soit à la place de Daniel. Je ne pouvais donc pas réaliser le film avec des rails de travelling et une dolly[1].

Lorsque le directeur de la photographie Barry Ackroyd rejoint l'équipe, le chef d'orchestre sait qu'il a trouvé le meilleur collaborateur possible pour tenir la caméra. Ackroyd est en effet rompu à l'exercice du réel puisqu'il a travaillé sur les films de Ken Loach (avant de travailler sur ceux de Paul Greengrass : *Vol 93*, *Green Zone*, *Capitaine Phillips*). Le réalisateur ose jusqu'au plan-séquence quand

1. La dolly est un support de caméra sur roues ou sur rails qui permet de filmer sans à-coups.

la scène l'exige et des effets particuliers de montage du type « jump-cut ».

Quand j'écris une scène, je vois les images défiler dans ma tête. Je ne suis pas dans la précision, mais dans son principe de base. Alors, je note mes indications en marge des dialogues. Je veux travailler avec la monteuse dès le premier jour pour qu'elle voie tout de suite les premiers rushes et mon intention. Maryline (Monthieux) a eu l'idée du jump-cut pour la scène de la bagarre à quatre. J'ai tourné des champs-contrechamps et le procédé consiste à faire l'ellipse d'une partie du mouvement. Cette idée apporte un truc en plus que je ne pouvais pas traduire sur le papier.

À l'inverse de *Grosse fatigue* qui a été le fruit d'une longue gestation dans le seul esprit de son auteur, le travail de préparation de *Mauvaise passe* s'est apparenté à du journalisme de terrain. Sur l'idée d'Hanif Kureishi, Michel Blanc a exploré le monde des escorts pour mieux s'imprégner de leur sincérité.

Je voulais que Mauvaise passe *soit d'une grande vérité. Quand on parle d'un sujet, je considère qu'il faut le connaître. Je ne voulais pas raconter n'importe quoi à partir des idées préconçues sur les gigolos. Au cours de mes séjours outre-Manche, j'ai rencontré des gens captivants qui m'ont raconté des choses hallucinantes. Je me suis dit que tout était possible lorsque j'ai rencontré les patrons d'une agence spécialisée. Nous nous sommes donné rendez-vous au Connaught, l'hôtel où de Gaulle avait vécu pendant la guerre. Autant dire que ce n'était pas le genre de la maison ! Quand je les ai vus arriver, ils avaient l'air d'un couple un peu louche. Elle était vêtue d'une robe fourreau pour terminer la soirée dans une boîte à partouze. Et finalement, ils n'étaient pas antipathiques du tout. Ils m'ont même proposé de venir avec eux à la prochaine réunion qu'ils organisaient une fois par mois pour leurs escorts, un drink dans un bar à Soho. Tous les deux voulaient que j'y vienne incognito, en disant que je voulais devenir escort à mon tour. J'ai répondu que je préférais ne pas mentir.*

J'ai bien fait puisque tous ont été très contents que quelqu'un s'intéresse à eux. Ils m'ont appris énormément. Par exemple, les femmes n'ont pas le même rapport avec ça. Il y a des femmes qui engagent vraiment un escort parce qu'elles sont seules au concert et au dîner qui suit. Contrairement aux hommes, elles choisissent plutôt quelqu'un de cultivé pour les accompagner. Moi qui me demandais si Daniel (Auteuil), un Français de quarante-cinq ans, était crédible dans le rôle, j'ai appris que le plus âgé des escorts avait cinquante-huit ans. Et il travaillait énormément ! Un autre était expert-comptable le jour, ça ne s'invente pas ! Ils m'ont raconté des trucs assez marrants, comme une femme qui engageait un escort pour rendre son mec jaloux… J'ai aussi fait la connaissance d'un couple qui bossait parfois à deux. Ce qu'ils vivaient était très glauque. Tous m'ont expliqué qu'ils avaient chacun une fonction, un rôle. Il y avait une justification à leur métier. J'ai préféré écrire ma fiction sur une base solide de vraisemblance.

Et de fait, toutes les scènes rapportées figurent dans le montage final de *Mauvaise passe*. Sans se transformer en documentariste, Michel Blanc a prouvé, s'il était encore besoin, qu'il déteste l'imprécision. Il pousse ici le souci du détail dans toutes les strates du propos. À sa sortie, le film décontenance pour le moins un public qui ne s'attendait pas à prendre ce coup de poing en pleine figure de la part de l'auteur. Les critiques saluent l'audace, mais pointent aussi certaines limites de l'essai. *Le Parisien* écrit : « Michel Blanc, brillamment obsédé par la quête d'identité et la richesse de l'ambiguïté, raconte une "mauvaise passe" d'existence. Son postulat que le meilleur peut naître du pire est intéressant, mais ses démonstrations parfois un peu bâclées. » De son côté, *Télérama* regrette « des dialogues trop écrits, des schémas déjà vus ». Le film se solde par un échec relatif, avec seulement un peu plus de deux cent cinquante mille spectateurs dans les salles. Il n'en faut pas plus pour que Michel Blanc décide d'enchaîner sans perdre une seconde supplémentaire avec une autre réalisation.

Quand on tombe de cheval, il faut remonter très vite, comme on dit. Je ne fais pas partie des gens qui disent qu'ils ne sont pas touchés par la critique. Par contre, je ne les lis pas au moment de la sortie d'un film, car je suis trop fragile, comme un homard sans carapace en pleine mue. Je demande plutôt aux attachés de presse de me dire si tel ou tel journal a aimé ou non, mais sans les détails.

Après Gaumont et Claude Berri, c'est au tour d'UGC de lui donner carte blanche pour revenir derrière la caméra. Michel Blanc choisit naturellement un roman britannique. Il s'agit de *Summer Things* de Joseph Connolly, publié en France en 2000 sous le titre *Vacances anglaises*.

Embrassez qui vous voudrez

« Quand on se dit que le film ne part pas dans la bonne direction, c'est très torturant »

De collective au Splendid, l'écriture est devenue un exercice peu à peu totalement solitaire. Après ses expériences au côté de Patrice Leconte, Patrick Dewolf, Jacques Audiard, Bertrand Blier et Hanif Kureishi, Michel Blanc n'a plus partagé ses doutes d'auteur qu'avec Gérard Jugnot sur l'adaptation de la pièce *Espèces menacées* en 1997. Au moment d'attaquer l'écriture du scénario de « Voyez comme on danse », il préfère rester seul aux manettes, maître de son temps.

Au fil de son adaptation, les personnages n'ont pas encore de visage connu, à l'exception notable de Bertrand. Dès la lecture du roman, le nom de Jacques Dutronc apparaît comme une évidence. À ce stade de l'écriture, l'identité de sa partenaire à l'écran n'est pas encore une certitude. C'est seulement après avoir vu *Sous le sable* de François Ozon que le chef d'orchestre discerne en Charlotte Rampling une interprète possible d'Elizabeth Lannier, le pilier structurant du récit choral. Toute la difficulté du film consiste à équilibrer un casting quatre étoiles. Il ne fait par contre aucun doute que Lulu sera interprétée par Carole Bouquet, mais la distribution du rôle de Jean-Pierre, son mari jaloux, laisse plus d'interrogations. Pourquoi pas Daniel Auteuil ? D'autres noms sont proposés, mais les refus s'amoncellent. N'en reste plus qu'un… Michel Blanc lui-même !

Lui qui ne voulait plus jouer sous sa propre direction se voit donc contraint et forcé de revenir à l'écran, qui plus est avec la partition d'un monomaniaque cerné par les prétendus amants de son épouse. Le réalisateur Blanc rassure son acteur en justifiant que le rôle n'est que secondaire et, à dire vrai, assez monolithique. Il s'agira de sa première apparition depuis *Les Grands Ducs* en 1996. Auprès de Karin Viard, Clotilde Courau, Denis Podalydès ou Vincent Elbaz, Gaspard Ulliel et Mélanie Laurent interprètent les personnages les plus jeunes – ils seront deux des révélations de la comédie.

La production lancée, le titre du film pose question. Jean d'Ormesson publie pour la rentrée littéraire de 2001 un roman éponyme. Sans trop hésiter, Michel Blanc opte pour la suite de la comptine enfantine. « Voyez comme on danse » devient « Embrassez qui vous voudrez ». Il ne faut y chercher aucune ressemblance ou proximité avec le nom original du roman, *Summer Things*. De manière générale, l'adaptateur ne cherche jamais à traduire les titres. Il considère que les mots ou les expressions anglaises n'ont que très rarement une signification identique dans la langue de Molière, ou en tous les cas ne font pas appel aux mêmes références.

Sur le tournage, l'hôtel Westminster du Touquet accueille quelques-uns des principaux personnages, Elizabeth, Jean-Pierre, Lulu, Julie et Maxime en tête. Karin Viard et Denis Podalydès composent un ménage sans le sou. Jérôme, le mari, nage en pleine dépression. Il a loué un Algeco en bordure de dune… Quant à Véronique, elle préfère mentir pour faire bonne figure auprès des voisins. Tous les couples sont au bord de l'implosion dans ce bal de faux-semblants orchestré sans fausse note. Sur le plateau, chacun des interprètes apporte une valeur ajoutée au texte.

J'imagine des scènes qui, je l'espère, seront drôles telles qu'elles sont écrites. Néanmoins, j'essaie d'en faire des tremplins pour que les comédiens puissent se lancer et aller plus loin. Par exemple, j'ai mis Karin (Viard) dans des situations sans savoir comment elle allait les jouer. Dans la séquence où elle est censée payer le champagne au bar de l'hôtel, son personnage apparaît en panique totale. Quand le serveur lui apporte la note, elle ouvre l'addition, la referme et là, Karin a eu comme une laryngite. C'était à chialer de rire ! Nous l'avons filmée quand elle l'a jouée. Je ne l'avais pas mise en scène. Au contraire, je lui avais proposé de rester calme.

Cet instant volé n'est pas l'unique moment de grâce de Karin Viard dans *Embrassez qui vous voudrez*. Quelques mois plus tard, son interprétation lui a valu le César de la Meilleure actrice dans un second rôle.

Je n'aime pas les répétitions. Je n'aime pas les lectures non plus. Elles n'ont d'intérêt qu'avec les techniciens, pour leur expliquer. Pour les acteurs, j'ai l'impression que cette étape les défraîchit. Je préfère les voir autour d'un thé, entre nous, pour parler du rôle. À mon sens, le cinéma est un art instantané pour les interprètes. Ce n'est pas l'avis de tout le monde. Il y a des metteurs en scène qui préfèrent répéter un mois et demi avant le tournage. Ils enchaînent les scènes plus vite après, mais le résultat ressemble à du théâtre filmé. Pour la comédie, ça ne fonctionne pas. C'est la connerie de l'instant parfois. L'exemple de Karin le prouve. De mon point de vue strict d'acteur, je vis les lectures comme une corvée. Mais si ça peut rassurer le metteur en scène, je m'y prête.

Reste qu'avec un casting d'aussi haute volée, Michel Blanc sait qu'il est attendu au tournant. Lorsqu'un spectateur vient voir un film porté par des acteurs peu connus, il peut se tromper et la faute est partagée. Par contre, si le public retrouve à l'écran des comédiens dont il connaît l'étendue des talents, il s'attend à une réussite. Et si tel n'est pas le cas, alors la faute revient toujours au seul metteur en scène, un chef coupable de ne pas avoir su diriger son orchestre. À ses débuts derrière la caméra, Michel Blanc pensait que réaliser un film était hors de portée pour lui, qu'il aurait à soulever des montagnes. Après quatre films à son actif, il n'a pas changé d'avis !

Être sur tous les fronts est souvent écrasant. Il faut discuter avec les techniciens, parlementer avec la production, diriger les acteurs et, si possible, sans jamais montrer aucune lassitude ni aucun signe de découragement. Il m'est arrivé de m'enfermer dans les toilettes après une journée de tournage et d'avoir une crise de larmes d'épuisement, pas de tristesse. Après quelques instants, je sors et c'est fini. Des fois, les nuits sont difficiles aussi. Quand on se dit que le film ne part pas dans la bonne direction, c'est très torturant. Et il ne faut surtout pas le montrer.

À la pression du tournage, l'étape du montage offre toujours plus de plaisir au chef d'orchestre Blanc. À l'écart du tumulte, il s'enferme avec Maryline Monthieux pour étudier le rythme et revoir la narration.

Pour moi, le montage est la période la plus agréable du film. Nous ne sommes plus que deux, au calme, à boire du thé. Nous avons le temps pour réfléchir, démonter, remonter…

Mais la première version d'*Embrassez qui vous voudrez* ne fonctionne pas aux yeux de l'auteur. À la fois trop longue et étonnamment trop rapide, elle ne laisse la place à aucun personnage pour s'exprimer. Alors Michel Blanc reprend chaque élément séparément pour mieux les assembler avec minutie. Il se fait artisan, comme son grand-père dans son horlogerie autrefois. Si le travail d'adaptation demande souvent six, sept voire huit versions différentes, le montage n'en est pas loin non plus. Et quand l'émotion manque de discernement, le réalisateur a parfois recours à la musique pour apporter ce supplément d'âme qui accompagne le spectateur par-delà les images et l'intention de jeu.

Dans Embrassez qui vous voudrez, *j'ai placé Rameau et aussi* Didon et Énée *de Purcell. Je ne mets de la musique classique dans mes films que lorsque la situation s'y prête. Quand on voit une jeune personne d'un sexe indéterminé avoir une discussion sérieuse sur le mariage avec Jacques Dutronc, cette musique de* Didon et Énée *ne raconte pas la même chose que l'image. Je donne au spectateur une grille de lecture sans qu'il s'en aperçoive. Il ne s'en rend pas compte, mais il le ressent. Il comprend qu'il n'y a pas uniquement ce qui est dit dans la scène.*

Aussi surprenant que cela puisse paraître pour un mélomane comme Michel Blanc, la musique occupe une place de moins en moins importante dans ses réalisations.

Marche à l'ombre *est le film le plus musical que j'ai fait. Je ne regrette pas d'y avoir mis autant de musique. Quand je l'écrivais, j'entendais Téléphone, Bach ou Couperin.*

Sur la production de *Grosse fatigue*, rendez-vous avait été pris avec un compositeur au Café Beaubourg, en plein cœur de Paris.

Je lui avais dit qu'il ne fallait pas beaucoup de musique dessus. Il m'avait dit d'accord. Finalement, il m'en a mis des flopées sur des moments où je n'en avais pas besoin. Je me suis fâché avec lui parce qu'il n'a pas compris pourquoi je n'avais pas monté la musique qu'il avait écrite. Elle était bonne en plus, mais le problème n'est pas là. Une musique distancie toujours, sauf si elle est justifiée dans l'action, comme la présence d'un orchestre ou d'une radio. Autrement, il s'agit d'un deuxième regard après celui du scénariste. Le compositeur ajoute une voix supplémentaire. Et sans cette voix, la signification n'est pas la même. À l'inverse, si cette voix dit la même chose que les autres, alors elle n'a aucun intérêt. Et parfois elle empêche tout le reste de fonctionner.

Sur la trentaine de minutes de musique originale composée pour *Grosse fatigue*, moins d'un tiers s'est retrouvé dans la version définitive.

Au total, quatre nominations aux Césars et près de 1,5 million de spectateurs ont couronné *Embrassez qui vous voudrez.* Malgré ce coup de maître, les propositions intéressantes pour l'acteur Michel Blanc restent plutôt rares. Pour la profession, il semble avoir définitivement mis sa carrière d'interprète entre parenthèses, préférant selon eux réaliser et adapter.

Les gens pensaient que je ne jouais plus. Claude Berri m'a appelé pour un rôle et m'a dit : « Est-ce qu'un jour tu rejouerais la comédie ? » À ce moment-là, j'ai pensé : « Mon pote, il est temps que tu acceptes à nouveau un film en tant qu'acteur parce qu'ils vont finir par ne plus penser à toi. Tu vas sortir de leur imaginaire. »

Immédiatement après *Embrassez qui vous voudrez*, Michel Blanc ouvre un dossier, judiciaire cette fois-ci, celui de Gaston Dominici. Le chef d'orchestre descend de son estrade, pose sa baguette et retourne dans l'arène.

Sixième partie

Le virtuose

L'Affaire Dominici, 93, rue Lauriston,
Le Deuxième Souffle

« Il fait partie des êtes humains qui m'ont vraiment impressionné »

Qui a tué les Drummond le 5 août 1952 dans ce petit village des Basses-Alpes ? Condamné à mort pour meurtres en 1954, puis à la perpétuité en 1957 avant d'être gracié en 1960, Gaston Dominici appartient à ces personnages bien réels dont l'histoire pose toujours question. En 1998, le journaliste William Reymond a mené une enquête minutieuse, mais controversée, soutenant la thèse de l'innocence au profit de l'hypothèse de l'affaire d'espionnage. En découvrant cet ouvrage, le réalisateur Pierre Boutron (*Le juge est une femme*, *S.O.S. disparus…*) met le doigt dans un tel engrenage qu'il ne quitte plus Lurs et la ferme de la Grand'Terre avant plusieurs mois, se documentant autant que possible sur un sujet aux zones d'ombre innombrables. Dès l'origine du projet, Michel Serrault est associé à la fiction qui sera finalement tournée en deux parties pour TF1. Il succède ainsi à Jean Gabin qui porta la moustache du patriarche de soixante-quinze ans, auteur présumé du triple meurtre, devant la caméra de Claude Bernard-Aubert en 1973. Michel Blanc accepte d'incarner le commissaire Edmond Sébeille, dont les écrits ont également largement contribué au scénario du téléfilm. Son personnage croit Gaston Dominici coupable mais se retrouve pris au piège d'une forme de fascination envers ce berger méridional. Avec toujours autant de méticulosité, l'acteur se documente pour préparer son face-à-face avec Michel Serrault. Le film repose sur une thèse et donne une explication au mystère. Seule liberté prise avec les faits, la production a introduit un personnage fictif, un journaliste menant une contre-enquête, du nom de Lukas Fabre (interprété par Thomas Jouannet).

Coupable ou non coupable : l'affaire Dominici refait la une et la France entière, prise dans l'engrenage, se passionne de nouveau pour le sujet. Le premier épisode est suivi par 12,2 millions de téléspectateurs, soit 50,2 % du public. Seul un match de Coupe du monde de l'équipe de France est en mesure de réaliser un tel score. Une semaine plus tard, ce sont encore 11,7 millions de fidèles qui se branchent sur TF1, représentant 48,2 % de parts de marché. *L'Affaire Dominici* domine largement le classement des meilleures audiences de la télévision de l'année 2003. Michel Blanc a réussi son retour sur les écrans.

Petit flic à la fin des années 1970 dans les troisièmes rôles que lui confiait Pierre Tchernia (*La Gueule de l'autre*) ou Édouard Molinaro (*Cause toujours, tu m'intéresses*), l'acteur avait déjà pris du grade dans la police chez Patrice Leconte (*Circulez y a rien à voir*) et même chez Robert Altman (*Prêt-à-porter*), mais le commissaire Sébeille marque un tournant dans sa carrière au service de l'État. Ce type d'emploi se répète pour la télévision avec *93, rue Lauriston*, une production diffusée pour la première fois sur Canal+ le 14 décembre 2004. L'inspecteur Blot, incarné par Michel Blanc, mène une enquête qui dérange dans la France de 1944. Sous l'Occupation, les autorités allemandes confiaient leurs basses besognes à des hommes comme Henri Lafont ou Pierre Bonny, deux des responsables de « la Carlingue », le surnom du QG de la Gestapo française au 93, rue Lauriston. Autrement moins poétique et plus violent qu'*Uranus* sur la thématique de l'épuration, le film de Denys Granier-Deferre apporte un point de vue nourri de flashbacks. Chaque témoignage recueilli vient s'ajouter au dossier sans équivoque monté par l'inspecteur Blot qui voit s'étendre la toile d'araignée au-delà des principaux coupables, jusqu'à la fin du téléfilm pleine d'ironie mortifère. L'épuration touche à sa fin. Le pays veut maintenant panser ses plaies. Des collaborateurs courent toujours et les preuves sont accablantes. Ils ne seront pas poursuivis. « Ce film est une fiction, basée, hélas, sur des faits et des personnages réels » sont les mots choisis par le réalisateur pour clore son œuvre.

Dans ce rôle d'écoute, Michel Blanc ne cherche pas les effets, mais plutôt la retenue. Son visage se referme, pas au point de l'inexpressivité de son Monsieur Hire, mais dans une volonté d'économie. Il en sera de même en 2007 avec *Le Deuxième Souffle* d'Alain Corneau où il retrouve le pardessus du commissaire Blot, un personnage incarné trente ans plutôt par Paul Meurisse pour Jean-Pierre Melville. Dans cette nouvelle adaptation du roman de José Giovanni,

Michel Blanc est accompagné par deux complices, Daniel Auteuil et Jacques Dutronc, mais aussi par Monica Bellucci et Éric Cantona. Après *Médecins des hommes* en 1988, cette deuxième collaboration avec Alain Corneau se déroule sur le terrain du film de genre assumé. Chaque détail du décor et de la lumière a été revu, soigné et corrigé pour que tout soit parfait. Seuls les acteurs ont bénéficié d'une liberté de jeu, avec peu de répétitions et de prises. L'univers de perfection voulu par le cinéaste abandonne toute forme de réalisme pour n'être que cinéma, au point peut-être d'en paraître trop esthétisant.

J'ai eu encore plus de plaisir auprès d'Alain Corneau sur Le Deuxième Souffle *qu'au moment de* Médecins des hommes. *Il était passionnant et nous avons beaucoup discuté de musique, de l'Inde, dont il a une connaissance extraordinaire. Il fait partie des êtes humains qui m'ont vraiment impressionné dans le bon sens, par sa gentillesse et sa culture.*

Aujourd'hui, il y a fort à parier que Michel Blanc ne jouera plus les inspecteurs dans les prochaines années… Après qu'il a occupé le bureau d'un directeur de cabinet ministériel dans *L'Exercice de l'État* en 2011, Dany Boon lui a donné les clés de l'Intérieur, dans la peau du ministre Jacques Pasquali au générique de *Raid dingue* fin 2016. Près de quarante années de services dans la police se sont achevées par la plus haute des fonctions.

Astérix en Hispanie, Dominique Lavanant, *Madame Édouard*

« On avait tellement envie de se retrouver »

Pour tous les acteurs du Splendid, les années 1990 auront été l'heure de gloire. Les uns après les autres, ils ont aligné les triomphes au gré des productions : *Les Visiteurs*, *Les Anges gardiens*, *Un Indien dans la ville*, *Grosse fatigue*, *Le Dîner de cons*, *Gazon maudit*, *Une époque formidable*, *Astérix et Obélix contre César*… À l'aube de la décennie suivante, Gérard Jugnot a révélé Bérénice Bejo dans *Meilleur espoir féminin*, avec d'être couronné de lauriers avec *Monsieur Batignole*, récompensé d'un César du Meilleur espoir masculin pour Jean-Paul Rouve.

Dans ce début des années 2000, tout ce que le réalisateur Jugnot entreprend semble se transformer en or, si bien qu'il est pressenti pour tenir la barre du troisième opus d'*Astérix et Obélix* au cinéma. Pendant huit mois, l'auteur prépare sa copie tandis qu'*Astérix et Obélix : Mission Cléopâtre* fait exploser les compteurs du box-office hexagonal. Seulement, l'humour décalé d'Alain Chabat n'a pas tout à fait été du goût d'Albert Uderzo, qui considère que le « Nul » s'est trop éloigné de la bande dessinée. L'auteur refuse net tout nouveau projet. L'adaptation d'*Astérix en Hispanie* termine donc dans un placard, avec de nombreux regrets. Dans son scénario, Gérard Jugnot avait conservé Christian Clavier et Gérard Depardieu dans les deux rôles principaux. Il avait surtout convié toute la bande du Splendid. Les retrouvailles sur le grand écran, prévues pour 2003, devront donc attendre...

Nous avons tous été frustrés par Astérix. *On avait tellement envie de rejouer tous ensemble. Alors, on s'est dit qu'on pouvait essayer d'écrire un autre film. Nous sommes partis sur plusieurs idées, mais nous finissions toujours avec la même conclusion : le public voulait revoir* Les Bronzés. *Aucun d'entre nous ne cherchait à exploiter le filon, au contraire !*

Dès lors, les séances d'écriture collective reprennent comme au milieu des années 1970. Et le projet des *Bronzés 3* est officiellement lancé, avec tous les personnages principaux au menu, Christiane et Miguel compris. Martin Lamotte et Dominique Lavanant sont effectivement toujours restés des cousins très proches de la famille du Splendid. Michel Blanc et Dominique Lavanant ont même tissé un lien d'amitié qui est allé bien au-delà de la camaraderie professionnelle. Au début de ces années 2000, ils s'appellent tous les jours ou presque pour partager des petits riens comme de grands questionnements. Ils semblent n'avoir pourtant aucun point commun, sauf que tout les rapproche. Il aime son côté excessif dans la contrariété comme dans la joie. Dominique Lavanant a des réactions toujours extrêmes. Michel Blanc répète à l'envi qu'elle est l'une des femmes les plus drôles qu'il a pu connaître, comme Josiane Balasko ou Claire Brétécher. Alors dès que l'un ou l'autre en a l'occasion, ils travaillent ensemble. Au théâtre, Dominique Lavanant lui a permis de rencontrer Françoise Sagan pour *L'Excès contraire*. Une dizaine d'années plus tard, elle joue dans son adaptation de *Temps variable en soirée*. En 2002, Michel Blanc imagine pour Dominique Lavanant le personnage de sœur Thérèse, l'une des héroïnes les plus populaires de TF1 jusqu'en 2011.

Sœur Thérèse est directement inspirée d'un des personnages qu'elle jouait au café-théâtre. En plus, je savais qu'elle avait failli être bonne sœur. Quand Dominique était jeune, elle passait ses vacances dans un couvent anglais. Elle avait connu un succès populaire avec la série policière Imogène. *J'ai donc imaginé un mix des deux. J'ai donné cette idée de base à la production, mais j'ai préféré quitter l'écriture. J'ai senti que TF1 avait le désir de prendre une autre direction que la mienne.*

À Dominique Lavanant est adjoint Martin Lamotte, qui interprète son ex-compagnon, le lieutenant Bonaventure, durant toutes les saisons. Si Michel Blanc ne suit que de loin les péripéties de l'héroïne qu'il a créée, il soigne les dialogues du cinquième épisode. *Sœur Thérèse.com* en compte vingt et un au total.

Au même moment, Dominique Lavanant est aussi à l'origine de sa rencontre avec Nadine Monfils, dont les romans doivent bientôt faire l'objet d'une adaptation qu'elle va elle-même réaliser. L'écrivaine belge a créé un personnage récurrent en la personne du commissaire Léon, un flic qui tricote ! Ce simple détail illustre bien le caractère complètement déjanté de son art. Pourtant, lorsque Dominique Lavanant a le scénario de *Madame Édouard* entre les mains, elle est d'abord persuadée que Michel Blanc ne l'appréciera pas. Et puis l'acteur et l'auteur se croisent au hasard d'une soirée. Son amie a fait erreur. Il adore le style.

Nadine est une vraie Belge et j'adore ça ! La vision des Belges n'est jamais au ras de la réalité, du quotidien. Ils arrivent à mener au bout des idées complètement folles. Ils allient la générosité à un imaginaire très surréaliste, contrairement à nous les Français. Des années après Madame Édouard*, j'ai retrouvé Philippe Grand'Henry avec* Un petit boulot *de Pascal Chaumeil en 2014, dont j'ai écrit le scénario. Je voulais que l'histoire se passe en Belgique pour retrouver ce même parfum si particulier. Nous avons eu la chance d'avoir des acteurs qui ont amené leur univers formidable.*

S'il fallait à tout prix comparer, *Madame Édouard* se situerait à la croisée des chemins entre *Le Père Noël est une ordure* et *Les Deschiens*, du kitsch belge d'une couleur vraiment singulière et complètement assumé. Autant d'audace dans l'écriture ne pouvait que convaincre Josiane Balasko, qui joue l'assistante du fameux commissaire, une femme qui collectionne les boucles d'oreilles horriblement originales. L'autre décor de *Madame Édouard*, c'est le comptoir d'À la mort subite, un bar où le cuisinier prépare des moules au vermouth. En ces murs, une Dominique Lavanant porte haut la perruque blonde de Rose la prostituée. Didier Bourdon joue le travesti femme de ménage, la fameuse Madame Édouard. Au milieu de cet univers, le commissaire Léon enquête sur une série de meurtres de jeunes femmes dont les cadavres sont découverts à côté des tombes de collectionneurs de peintures… Il leur manque toujours l'avant-bras droit. Madame Édouard est-elle la tueuse ? Tel est le mystère, auquel peu de spectateurs trouvent la réponse. L'échec de la comédie policière précède deux cartons qui ouvrent et referment un chapitre supplémentaire de la carrière de Michel Blanc.

Les Bronzés 3, Je vous trouve très beau

« Au moins, personne ne nous demandera un *Bronzés 4* ! »

Fin 2004, *Les Bronzés 3* prennent réellement forme chaque jour un peu plus. La famille du Splendid se réunit presque quotidiennement chez Marie-Anne Chazel pour que le scénario soit à la hauteur des attentes du public, car le triomphe des « Bronzés » a été grandissant depuis la fin des années 1970. Succès encore modeste dans les salles à leur sortie, les deux films cartonnent toujours un peu plus à chaque rediffusion à la télévision, avec 8 à plus de 10 millions de Français devant l'écran qu'il neige ou qu'il vente, sans l'ombre d'une perte de vitesse au fil des saisons qui passent. Le phénomène dépasse même les meilleurs scores des films avec Louis de Funès, réputé imbattable. La plupart des téléspectateurs d'aujourd'hui n'étaient d'ailleurs même pas nés lorsque Jean-Claude Dusse est sorti de l'eau à poil… Les plus idolâtres se regroupent lors de séances spéciales, en costumes, et rejouent les dialogues en direct ! Autant dire que l'erreur n'est pas une option envisageable pour l'équipe du Splendid. À la production,

Yves Rousset-Rouard cède son fauteuil à Christian Fechner. Patrice Leconte reprend la caméra. Boudé par la troupe du temps du *Père Noël est une ordure* au profit de Jean-Marie Poiré, le réalisateur se voit donc confier les rênes d'un film doté d'un budget record de 35 millions d'euros.

La production emmène la joyeuse équipe sous le soleil de la Sardaigne, plus précisément dans le complexe hôtelier de Cala di Volpe à Porto Cervo. Au cinéma, les lieux ont déjà servi de décor à quelques séquences de *L'espion qui m'aimait* en 1977. Dans *Les Bronzés 3*, point de James Bond ni de Lotus amphibie à l'horizon, mais des vacances pour Jérôme, Gigi, Jean-Claude, Nathalie et Bernard, vus comme autant d'amis devenus des parasites par Popeye, ou plutôt Robert. Il est désormais aux manettes du Prunus Resort, un établissement de luxe qui appartient à sa femme (Ornella Muti). Pour elle, si les copains d'hier ont pris quelques (petites) parts dans la société, ils doivent comprendre qu'ils ne sont pas chez eux non plus. En vingt-sept ans, leurs défauts n'ont fait que s'amplifier, un peu comme la poitrine de Gigi. L'ex-femme de Jérôme ne s'est pas déplacée jusqu'en Sardaigne toute seule. Elle est accompagnée par JC, alias Jean-Claude Dusse. Aux « States », il est devenu le roi de la perruque ! De tous les personnages, celui de Michel Blanc a subi la transformation la plus radicale, tant au niveau physique que psychologique. Le moustachu malingre qui espérait tant conclure, parfois même sur un malentendu, a conclu !

Au moment de mettre la dernière touche au scénario, Michel Blanc doit s'absenter pour cause de tournage. Quelques mois auparavant, il a refusé l'offre de TF1 d'incarner Landru pour cause de désaccord avec la production. Le décor de cette superproduction a été construit en République tchèque pour des raisons financières. L'acteur fait de sa décision un acte militant, ne comprenant pas pourquoi la chaîne n'est pas en mesure de financer un tournage en France. En cette année 2005, il a accepté un autre rôle. Le citadin pur jus s'apprête à jouer un agriculteur ! Lui qui ne supporte pas deux jours de suite à la campagne et qui fuit les week-ends chez des amis va poser ses valises en pleine Drôme. Question challenge d'acteur, la barre se situe à un niveau relativement élevé. Il s'en est d'ailleurs inquiété auprès d'Isabelle Mergault, l'auteure du scénario « Je vous trouve très beau », s'imaginant plus facilement catalogué dans le registre de l'intello parisien que dans celui de l'agriculteur.

Isabelle Mergault m'a donné une grande chance. Elle m'a proposé un rôle qui aurait été fait pour Jugnot. Quand j'ai lu le scénario, je lui ai dit que j'étais très intéressé parce que personne ne m'avait jamais offert un tel personnage. Mais je ne savais pas si les gens allaient me suivre. Allait-on vraiment y croire ? Pouvais-je être cet agriculteur dans son tracteur ?

Coscénariste du *Meilleur espoir féminin* de Gérard Jugnot, cependant plus connue pour ses tests et reparties chez Laurent Ruquier (« On a tout essayé », « On va s'gêner »…), Isabelle Mergault a écrit l'histoire d'un exploitant agricole récemment veuf qui se tourne vers une agence matrimoniale, non pas tellement pour trouver l'amour, mais plutôt dans le but de dénicher une femme qui sache s'en sortir avec les corvées ménagères. Et le voilà bientôt en route pour la Roumanie où sa promise, Elena, espère des jours meilleurs en France pour aider sa famille. Mais Aymé Pigrenet ne sait rien de son histoire personnelle… Ainsi débute le premier film de la réalisatrice Isabelle Mergault, tout en simplicité et tendresse.

Quarante ans plus tôt, nul doute que Bourvil aurait été l'interprète parfait d'Aymé Pigrenet, un homme de la terre qui ne sait pas vraiment comment exprimer ses sentiments. Isabelle Mergault pose un regard neuf sur Michel Blanc. Elle lui propose de sourire davantage, de laisser sa chemise entrouverte et de retrousser ses manches. Après Nadine Monfils (*Madame Édouard*), elle n'est que la deuxième femme à diriger l'acteur et elle le guide vers un jeu différent, intégralement sur le fil tendu et ténu de l'émotion. Michel Blanc joue dans un registre sans deuxième degré et sur la simplicité de la situation.

Je vous trouve très beau *est un film populaire qui touche énormément. Il y a d'ailleurs plus d'émotion que de rire. Isabelle est une instinctive qui a su très bien nous diriger. Medeea Marinescu était d'une grande gentillesse et d'une intelligence extraordinaire. Elle m'envoie chaque année ses vœux depuis Bucarest. En arrivant sur la production, elle ne parlait pas un mot de français. Elle a donc retenu son texte phonétiquement. Au début, alors qu'Isabelle ne parle pas vraiment l'anglais, je faisais le traducteur simultané. Au fur et à mesure, Medeea a appris notre langue. Pendant la promo, elle a fait les interviews en français ! Je ne pense pas que j'aurais pu répondre aux questions des journalistes en roumain si nous avions tourné intégralement à Bucarest…*

Alors que le film d'Isabelle Mergault sort sur les écrans le 11 janvier 2006, pour terminer sa carrière à plus de 3,5 millions d'entrées, les médias ne parlent déjà plus que des *Bronzés 3 : amis pour la vie*. Le retour tant attendu du Splendid est annoncé pour le 1er février. La pression que portent les six membres du groupe est énorme. Michel Blanc a parfaitement compris que les critiques ne seront pas dans leur camp, si bien qu'il compte partir pour Shanghai le jour même de la sortie afin d'éviter le tir nourri de la presse. Il a finalement assisté à la traditionnelle soirée des chiffres avant de s'envoler pour l'autre bout du monde. Et, côté recettes, *Les Bronzés 3* atteignent des sommets, avec un total de 10,3 millions de spectateurs au cours de son exploitation. Il y a pourtant un sérieux bémol. Plus peut-être que la presse, le public ressort majoritairement partagé des séances. Les retrouvailles ne manquent ni de mauvais esprit ni de rebondissements, mais le scénario divise.

La mayonnaise n'a pas pris. Certaines scènes me font rire, mais elles ne suffisent pas à faire un film. Les Bronzés 3 *est un vrai film collectif raté, mais nous ne l'avons pas raté exprès. En réalité, l'écriture a été compliquée parce que tout le monde n'était pas libre en même temps. Certains arrivaient avec des bouts préfabriqués qu'on voulait mettre… Si ç'avait été à refaire, j'aurais peut-être demandé six mois de plus pour le scénario. Entre nous, on ne s'en parle pas. Chacun est conscient que le film est moins réussi. C'était un piège que nous avons essayé d'éviter et dans lequel nous sommes tombés. On ne pouvait aller que dans le mur. Tous les autres sont formidables, mais moi je me caricature. Je ne savais pas le jouer. J'espère néanmoins que quelques moments ont quand même amusé les gens… Au moins, personne ne nous demandera un* Bronzés 4 *!*

En 2007, Michel Blanc reçoit une nomination supplémentaire aux Césars dans la catégorie « Meilleur acteur », non pas avec *Les Bronzés 3 : amis pour la vie*, mais grâce à *Je vous trouve très beau.*

Les Témoins, André Téchiné, *Une petite zone de turbulences*, *L'Exercice de l'État*, Pierre Schoeller, *Demi-sœur*, *Les Souvenirs*, Jean-Paul Rouve

« J'espère faire partie des bons, mais je suis certain de ne pas faire partie des grands »

Les démons du Splendid exorcisés par *Les Bronzés 3*, Michel Blanc aborde le mouvement sans doute le plus pointu de sa symphonie professionnelle en virtuose des émotions. Les cinéastes lui offrent une palette de premiers et seconds rôles incroyables. En dix ans, il a su conjuguer tous les cinémas sans jamais se répéter. Ses choix répondent toujours aux mêmes exigences envers le scénario, mais aussi envers lui-même. Il n'aime pas se répéter et suit ses peurs profondes pour préférer un rôle à un autre.

Pour moi, il y a les bons et il y a les grands. J'espère faire partie des bons, mais je suis certain de ne pas faire partie des grands. J'aimerais, un jour… mais il y a encore du boulot. Il faut du temps… De la patine… En faire, faire et en refaire. Tant que les rôles sont à ma portée physique, je ne dis non à rien. Si ça me fait peur, c'est bon signe. J'essaie de susciter des choses différentes. Je ne tourne pas nécessairement beaucoup, mais je choisis. Et puis à la fin, il n'est pas évident que tout ça ne se termine pas par rien de plus.

Seulement lorsque tous les facteurs sont réunis, Michel Blanc n'hésite donc jamais. Il a la réputation de dire souvent non et pourtant, dans la seule année 2007, il tourne dans quatre films radicalement contraires : *Les Témoins* (réalisé par André Téchiné), *Le Deuxième Souffle* (Alain Corneau), *Musée haut, musée bas* (Jean-Michel Ribes) et *Nos 18 ans* (Frédéric Berthe). Le premier dépeint les amours volés par l'épidémie naissante du sida dans les années 1980. Michel Blanc incarne Adrien, un médecin homosexuel se prenant d'une passion amoureuse pour un jeune provincial monté à Paris.

Un jour, on m'a dit qu'André Téchiné voulait me rencontrer. Il habitait un immeuble dans lequel avait vécu Francis Poulenc. Je ne peux pas l'inventer. Je suis entré chez lui et il a commencé par me prévenir qu'il ne voulait pas me raconter ce qu'il avait en tête. « J'ai pensé à vous, m'a-t-il confié. – Bien sûr », lui ai-je répondu poliment. Quelque temps plus tard, j'ai reçu le scénario des Témoins*. J'ai évidemment donné mon accord tout de suite.*

Le personnage d'Adrien ressemble beaucoup à André. Il a les mêmes réactions. Dans une scène, il dit par exemple : « Je pourrais tuer. » Ce jour-là, sur le tournage, je suis allé voir André instinctivement et je lui ai demandé : « Ce n'est pas une phrase à toi, ça ? » Il m'a répondu : « Comment tu le sais ? – Je ne sais pas. Je le sens… – Oui, c'est vrai ! » J'avais flairé André derrière ces mots. Il ne tuerait pas au sens propre, mais cette expression reflète son caractère. Adrien ne me ressemble pas du tout par contre. Malgré cela, André a été capable de me faire sortir des trucs que je ne sortirais pas ailleurs.

Juste après avoir goûté au film de genre avec *Le Deuxième Souffle*, Michel Blanc s'assoit à nouveau dans l'orchestre d'un autre maestro des mots en la personne de Jean-Michel Ribes pour la version grand écran de son *Musée haut, musée bas*. Après *Les Bronzés 3*, il porte à nouveau le postiche sur son crâne chauve, cette fois-ci dans le costume rouge écarlate du conservateur Mosk qui a la phobie de la nature.

Il tombe aussi sous le charme du scénario de *Nos 18 ans*. Le texte d'Éric Assous est l'adaptation de la comédie italienne à succès *Le Jour d'avant l'examen* sortie quelques mois plus tôt. À l'écran, il devient Monsieur Martineau, le professeur de philosophie d'apparence si stricte de Lucas, héros de cette comédie qui se déroule dans les années 1980. Il est surtout père de famille, une dimension restée rare dans sa filmographie. Le plateau de cette comédie est peuplé de jeunes talents venus des rangs des conservatoires et des écoles de théâtre, avec Théo Frilet, Valentine Catzéflis ou Arthur Dupont. Dans leurs yeux, Michel Blanc se revoit au même âge ou presque, face à des Marielle, des Rochefort ou des Piéplu. Il est aujourd'hui la vedette et eux sont les débutants. Les rôles sont inversés. Dans sa remise en question perpétuelle, il se demande si sa façon de jouer ne les gêne pas, imagine les doutes qu'ils portent en eux. Quelques années plus tôt, le metteur en scène avait révélé Gaspard Ulliel et Mélanie Laurent dans *Embrassez qui vous voudrez*. Là, le partenaire de tournage se veut tout aussi généreux avec ses complices et novices à l'écran. Sans virer au stakhanovisme aigu, 2007 et 2008 sont marquées par une présence accrue de Michel Blanc au cinéma, consacré par une nouvelle nomination aux Césars dans la catégorie « Meilleur acteur » pour *Les Témoins*, remporté cette fois par Mathieu Amalric pour *Le Scaphandre et le Papillon*.

André Téchiné et Michel Blanc se retrouvent sans attendre sur *La Fille du RER*, avec Catherine Deneuve et Émilie Dequenne. Le cinéaste s'est inspiré de la pièce de théâtre de Jean-Marie Besset, elle-même tirée d'un fait divers datant de 2004. En plein mois de juillet, Marie-Léonine Leblanc avait porté plainte pour agression à caractère antisémite sur la ligne D du RER. Après plusieurs jours d'euphorie médiatique, la jeune fille avait reconnu son mensonge. Par la voix de l'avocat Samuel Bleistein, joué par Michel Blanc, le réalisateur pose le débat : l'affaire du RER a-t-elle été inventée par la « pauvre fille » pointée du doigt ou montée en épingle par l'État qui communiqua sans l'ombre d'un dossier judiciaire ? À qui la faute ? Pour y répondre, le cinéaste a développé son film en deux mouvements distincts : « Circonstances » et « Conséquences ». Seulement cinquante jours sont nécessaires pour boucler cette étude ancrée dans le réel.

À la fin du tournage des Témoins, *André m'avait demandé si je voulais retourner avec lui. Il préparait* La Fille du RER. *J'ai donné mon accord immédiatement. Après le scénario, j'accorde une très grande importance aux réalisateurs. Ils amènent l'univers. Le scénario est une base, chez certains très écrite et chez d'autres qui ressemble à un canevas. André n'aime pas les dialogues ciselés. De temps en temps, ses mots sont même très difficiles à jouer parce que personne ne parle comme ça dans la réalité. Sa grande phrase quand une prise est mauvaise, c'est : « J'y crois pas du tout. » L'interprétation de l'acteur n'y est pas forcément remise en cause. Parfois, il s'agit de sa mise en place, mais cette expression signifie plus précisément : « Ça n'a pas l'air vrai » dans son cinéma.*

En même temps, le Michel Blanc adaptateur se voit proposer un nouveau projet par le producteur d'*Embrassez qui vous voudrez*. Connaissant son appétit féroce pour l'exercice qu'il affectionne tant, Yves Marmion lui remet le roman de l'Anglais Mark Haddon, *A Spot of Bother*. Plus encore que les mots, le producteur d'UGC voit dans ce texte le nouveau film du Michel Blanc réalisateur. Sa proposition ne manque pas d'intérêt à ses yeux. Il sait déjà à qui proposer le rôle principal d'*Une petite zone de turbulences*.

J'ai demandé à Christian Clavier s'il était intéressé par JP. Il aurait été formidable, mieux que moi. Et le film aurait été meilleur. Christian ne l'a pas senti. Moi, je ne voulais pas faire le personnage au début, mais les acteurs auxquels j'ai pensé n'en ont pas voulu. Je ne pouvais pas le jouer et le mettre en scène en même temps. Du coup, le film aurait pu ne jamais entrer en production. Il a fallu choisir.

Pour ce projet, Michel Blanc a élaboré cinq versions successives du scénario. Celle qu'il a remise au réalisateur désigné, Alfred Lot, aurait pu donner un film de deux heures quarante ! « Il fallait réduire mais j'ai vite eu le sentiment de me retrouver dans une confiserie où je n'avais plus qu'à choisir entre les fraises Tagada et les oursons ! Je me suis donc glissé dans sa version[1]. » Le script fonctionne sur une succession de situations qui vont en dégénérant pour les personnages. En haut du château de cartes trône Jean-Pierre, le père de famille récemment retraité, hypocondriaque, que sa femme trompe avec un ancien collègue. Sans parler de son fils homosexuel et du fiancé de sa fille qu'il prend pour un con… À l'écran, Miou-Miou et Michel Blanc forment un couple comme plus de vingt ans auparavant dans *Tenue de soirée.*

Après ce père dépressif, Michel Blanc semble prendre goût à la famille puisqu'il accepte le rôle d'Eli Dhrey dans *Et soudain, tout le monde me manque.* Au lieu de l'aiguiller sur Woody Allen pour son jeu d'acteur, la réalisatrice Jennifer Devoldère propose à Michel Blanc de regarder des extraits de *Seinfeld* et *Larry et son nombril*, coécrits par Larry David, pour cadrer le personnage qu'elle a dessiné, tout à la fois exaspérant et touchant. Michel Blanc ne cherche jamais à imiter, mais à creuser chaque personnage de l'intérieur pour y déceler une correspondance émotionnelle avec lui-même, comme s'il s'agissait de ne plus faire semblant devant la caméra. Eli Dhrey ne parvient plus à communiquer le moindre de ses sentiments à ses filles autrement que par des pirouettes qui font souvent plus de dégâts qu'autre chose. Il a renoncé au jazz pour se reconvertir dans le « schmates » et reprendre la boutique de grossiste de son propre père. Il a quitté un métier qui le passionnait pour revenir à la raison. Cette comédie permet à l'acteur de recroiser Mélanie Laurent, qui incarne Justine,

1. Interview d'Alfred Lot, dossier de presse du film.

l'une de ses filles à l'écran. « En père juif, je te préparais à l'échec et à la désillusion » est l'une des répliques cinglantes qui décrit l'état d'esprit de ce personnage maladroit avec les émotions. Et à bientôt soixante ans, Eli Dhrey s'apprête à redevenir papa, de quoi ébranler encore un peu plus ses deux filles, entre Dom (interprétée par Florence Loiret-Caille) qui cherche à adopter et Justine qui enchaîne les aventures amoureuses (et qui ne sait pas que son père a gardé le contact avec ses ex…). Huit ans après *Embrassez qui vous voudrez*, Mélanie Laurent s'en revient de Hollywood où elle a tourné avec Quentin Tarantino, entre autres succès. L'actrice de 2010 n'a plus rien à voir avec la jeune fille timide de 2002.

C'est elle qui m'a appelé et m'a demandé de lire ce scénario pour que je joue son père dans le film. Je ne l'ai pas regretté. Je n'avais pas eu la chance de jouer avec Mélanie sur mon film. Ce tournage a été assez éreintant parce que Jennifer avait tendance à avoir des inspirations pendant les prises. Elle rajoutait des plans et tout le monde finissait sur les rotules en fin de journée.

Le virtuose Michel Blanc évite encore une fois le piège de la redite en plongeant tête baissée dans un nouveau scénario, celui de *L'Exercice de l'État* de Pierre Schoeller. S'il est des rôles qui comptent dans une carrière, il y a aussi des personnages dont les contours font rêver. Gilles, le directeur de cabinet du ministre des Transports (joué par Olivier Gourmet), appartient aux deux catégories. Au moment d'accepter, Michel Blanc a prévenu le réalisateur qu'il engageait sa propre responsabilité s'il n'y arrivait pas !

L'enjeu l'attire immanquablement. Encore un défi de taille à relever. Les premiers jours du tournage, l'acteur tourne autour de ce personnage complexe en suivant chaque indication exprimée par le réalisateur. Chez Pierre Schoeller, la direction d'acteur passe par les moindres détails du cadre.

Pierre m'a beaucoup dirigé. Au début, j'ai essayé de proposer des choses cohérentes, mais je ne connaissais pas la haute administration. Lui avait une vision extrêmement juste et précise des cabinets ministériels. Par exemple, dans la scène où je reçois l'homme qui deviendra le chauffeur du ministre, nous avons fait une répétition et Pierre m'a arrêté. « Tu es trop gentil. Ces gens-là ne sont pas gentils, ils sont courtois. Dans la courtoisie, il y a une froideur et une distance qu'il n'y a pas dans l'empathie. » Pierre est un vrai intellectuel. Une autre fois, je n'ai rien compris à l'indication qu'il m'avait donnée. Je m'en suis amusé. « Tu peux le redire en français ? » Il a souri et il est devenu plus concret. Nous avons fait des essais et nous avons trouvé. Ce qui ne veut pas dire que j'y arrive toujours ! Je m'en rends compte quand je me regarde, non pas en tant qu'amoureux, mais en tant qu'entomologiste. Il y a des émotions que j'ai du mal à transmettre. Dans L'Exercice de l'État, *il y a cette séquence magnifique d'écriture où mon personnage écoute du Malraux. Pierre et moi avons cherché tous les deux. J'ai fait là encore plusieurs propositions. Nous avons démarré avec le plan où il est dans son fauteuil en peignoir. Il écoute ce discours comme on écoute un opéra. J'ai tourné une première prise à l'instinct avec de l'émotion dans l'œil, pris par le lyrisme et le silence qui avaient envahi le plateau. Pierre a vu les rushes et il a voulu qu'on en fasse une autre version plus froide. Nous avons donc tourné cette autre version. Et je crois qu'il a monté la première. J'ai très bien compris ses doutes. Il réfléchit profondément à tous ses choix.*

Nommé dans onze catégories aux Césars, dont « Meilleur acteur » (Olivier Gourmet), « Meilleur réalisateur » (Pierre Schoeller), « Meilleure musique originale » (Pierre Schoeller) ou « Meilleure actrice dans un second rôle » (Zabou Breitman), le film obtient le César du Meilleur scénario (Pierre Schoeller), le César du Meilleur son (Olivier Hespel, Julie Brenta et Jean-Pierre Laforce) et, pour Michel Blanc, le César du Meilleur acteur dans un second rôle. Après avoir été sept fois nominé aux Césars dans sa carrière, Michel Blanc gravit les quelques marches qui le séparent de la scène du théâtre du Châtelet où l'attend Mathilde Seigner. Il prononce alors un discours en toute cohérence avec ses interrogations de toujours : « On va essayer de le faire en quarante-cinq secondes. Je veux remercier ceux qui ont voté pour moi, non seulement parce qu'ils m'ont fait un très beau cadeau, mais surtout parce que le rôle était quelque chose d'extrêmement important. Le fait d'être simplement nommé était déjà quelque chose d'important parce c'était un rôle très différent de ce que j'ai pu aborder. C'est un type de rôle dont je rêvais, mais j'étais pas sûr que vous m'acceptiez dans ces rôles-là, que le public m'accepte dans ce rôle-là. Et donc, je vous remercie de me donner l'autorisation de continuer dans cette direction et de continuer à être exigeant. Je remercierai les autres, les gens que je peux voir en tête à tête, monsieur Schoeller par exemple. Je crois que j'ai fait quarante-cinq secondes. *Yes we can !* » Si les prix n'ont pas réellement d'emprise sur Michel Blanc, ce César du Meilleur acteur dans un second rôle conforte la position qu'il défend depuis trente ans : ne jamais flatter le public et repousser les limites de son propre jeu.

C'est le seul César que j'ai reçu. Ce qui a eu de l'importance à mes yeux, c'est la réaction de la presse et des spectateurs. Les gens me parlent souvent de ce personnage. J'ai un vrai plaisir à voir qu'ils ont autant aimé Jean-Claude Dusse que Gilles, le directeur de cabinet.

En 2013, il répond à la nouvelle invitation de Josiane Balasko après avoir lu le scénario de *Demi-sœur*. Non seulement les deux amis de longue date ont plaisir à jouer ensemble, mais la réalisatrice Balasko connaît toute la gamme de l'acteur. Sa comédie mêle l'humour aux pleurs autour de Nénette, une petite fille de soixante ans qui ne se sépare jamais de sa tortue. Après la mort de sa maman, elle part à la recherche de son père qu'elle n'a jamais connu. À l'adresse indiquée sur une vieille lettre jaunie, elle pousse la porte d'une pharmacie, tenue par Paul Bérard, son demi-frère… Dans la première partie du film, Michel Blanc joue la partition du psychorigide qui s'enferme chez lui pour élever des bernard-l'ermite et envoie valser tout le monde. Après une prise accidentelle d'ecstasy, le pharmacien plane totalement et rejoint Nénette dans son monde. En brisant sa coquille, Paul Bérard montre son vrai visage et se met au piano pour jouer du Chopin. Josiane Balasko n'a pas écrit cette partie innocemment. « J'ai conçu le personnage de Paul autour de lui, ce pianiste frustré, qui aurait rêvé d'être concertiste classique. Et Michel est un excellent pianiste.

C'était très important que la part cachée de Paul soit cette passion musicale qu'il n'a pas eu le choix de développer. C'est le personnage le plus difficile à jouer, de rester dans la vérité en changeant totalement de registre. De voir passer Michel d'un être rébarbatif et hostile à ce personnage débordant d'amour du prochain était un régal[1]. »

Film à double tranchant, *Demi-sœur* n'a pas convaincu un large public, avec seulement deux cent mille entrées. Le rire occasionné par Nénette a provoqué une gêne embarrassante non volontaire qui domine toutes les qualités du scénario. Josiane Balasko a peut-être été trop loin dans la composition, au point d'être incomprise. Tout au long de la production, et pour celle-ci peut-être encore davantage que pour d'autres, Michel Blanc a su rester à sa juste place.

Quand je suis acteur, je n'interviens jamais dans les choix du metteur en scène, surtout quand ce sont des proches. Il ne faut pas empiéter. Je ne regarde même pas comment la scène est filmée. Le metteur en scène au cinéma n'a pas le temps pour ce genre de discussion.

Après l'expérience des *Recettes du bonheur* au côté d'Helen Mirren, Michel Blanc rejoue le fils d'Annie Cordy dans *Les Souvenirs*, dix ans après *Madame Édouard*. Il ne connaissait pas personnellement Jean-Paul Rouve au moment de sa première lecture, mais il ne lui a pas fallu deux jours pour accepter la proposition, convaincu par les mots et la promesse du rôle. Son personnage, un retraité livré à lui-même et perdu dans sa nouvelle vie, se situe au

1. Interview de Josiane Balasko, dossier de presse du film *Demi-sœur*.

croisement de ses rôles précédents, empreint de réel et très premier degré. Sur ce film aux émotions authentiques, Michel Blanc se lie d'amitié avec Jean-Paul Rouve, tout en l'observant traquer la vérité chez ses interprètes.

J'ai adoré la manière dont Jean-Paul a mis en scène Les Souvenirs. *Il est d'une redoutable efficacité. Avec lui, il n'y a aucun temps perdu. Il est même arrivé de terminer avant l'heure prévue, ce qui est au cinéma assez exceptionnel. Jean-Paul est quelqu'un qui travaille sérieusement son découpage et qui sait diriger ses acteurs. Nous avons, je pense, un respect réciproque pour le talent de l'autre et, en plus, une très grande complicité.*

Lorsque le projet de la suite donnée à *Embrassez qui vous voudrez* se précise, Jean-Paul Rouve est de ces acteurs pour qui Michel Blanc écrit un rôle. *Les Souvenirs* lui ont aussi donné l'occasion d'observer William Lebghil dans un second rôle. Lui aussi a sa place dans l'éventail des talents appréciés par le réalisateur. Si bien que lorsque la proposition de retrouver ces deux nouveaux complices lui est faite par Arthur Benzaquen, Michel Blanc n'hésite pas trop longtemps, et pour tout dire seulement deux heures. Le professeur de yoga des *Souvenirs* est passé derrière la caméra pour *Les Nouvelles Aventures d'Aladin*, une superproduction portée par Kev Adams. Dès le démarrage, Arthur Benzaquen avait en tête Michel Blanc pour le rôle du sultan, mais la production était sûre que l'acteur dirait non, comme à tous les projets ou presque. Et pourtant, après avoir écrit *Un petit boulot* (d'après *Since the Layoffs* de Iain Levison) et joué Gardot face à Romain Duris pour le regretté Pascal Chaumeil, il a dit oui.

Je n'avais jamais fait un rôle de composition. Mes personnages reposent en général surtout sur du réalisme. J'avais là l'occasion de pousser un peu plus loin... Jouer un sultan qui ne pense qu'à bouffer avec un bide énorme était une forme de défi. Je ne savais pas si j'en étais capable. Essayer, essayer, prendre et apprendre : je ne me ferme aucune porte.

Sur *Les Nouvelles Aventures d'Aladin*, il lui faut trouver ses marques. Au premier clap, Michel Blanc cherche le bon ton et explore plusieurs pistes. Il questionne le réalisateur pour avoir plus de précisions, plus d'indications. Finalement, Arthur Benzaquen le pousse dans le grand bain et le petit sultan bedonnant prend vie dans son palais des Mille et Une Nuits. Avec Jean-Paul Rouve (dans le rôle du vizir), l'acteur se prête même à quelques exercices d'improvisation conservés dans le montage final, preuve de leur complicité.

Arthur nous avait vus déconner aux répétitions et il nous a laissés faire. Nous nous sommes marrés comme des fous. En y réfléchissant, nous avons un peu le même parcours, Jean-Paul et moi. Nos trajectoires se ressemblent. Comme moi, il a vécu la bande d'origine qui déconne et puis il fait d'autres films... Nous rions beaucoup tous les deux. Je retournerais volontiers sous sa direction, comme avec Pierre Schoeller ou Dany Boon. Il aura bientôt son Blier, j'en suis sûr.

Au box-office, *Les Nouvelles Aventures d'Aladin* amusent plus de 4,5 millions de spectateurs dans les salles. Le film figure parmi les plus grands succès populaires de la carrière de Michel Blanc, avec *Les Bronzés 3 : amis pour la vie* ou *Marche à l'ombre*, avant *Raid dingue*, sa dernière apparition en date au cinéma, et jusqu'à la sortie de *Voyez comme on danse*.

Conclusion

Sénèque, dernier jour, Éric Tanguy

« J'ai réussi à faire de la musique sans être musicien »

Depuis les premiers disques de sa tante et ce concert à Pleyel un jour de novembre, Michel Blanc n'a jamais rompu ce lien amoureux avec la musique classique. Otto Klemperer, Samson François, Herbert von Karajan, Wilhelm Kempff, Arthur Rubinstein, Martha Argerich, il a applaudi tous les chefs d'orchestre mythiques et les pianistes de légende. Dans son cercle d'amis les plus proches se côtoient d'autres passionnés avertis dont la plupart ont fait de la musique leur profession. Michel Blanc n'a pas mené la carrière de concertiste au piano qu'il espérait au sortir de l'adolescence, mais il a développé un art dont le mot et la voix sont l'instrument. Ce virtuose a même su conjuguer les deux univers, se plaisant à dialoguer avec l'orchestre lorsque son ami Éric Tanguy a composé en 2004 le concerto pour récitant et orchestre *Sénèque, dernier jour*.

J'avais été récitant pour des représentations de Pierre et le Loup *et j'avais lu* La Ballade de la geôle de Reading, *un poème d'Oscar Wilde mis en musique par Jacques Ibert, sur la scène du Théâtre des Champs-Élysées, mais je me disais que ces expériences étaient affreusement frustrantes. Un jour, j'ai demandé à Éric s'il ne voulait pas écrire un concerto pour voix et orchestre. Il a accepté, sauf que nous ne trouvions pas de texte. Et puis Xavier Couture en a envoyé un à Éric, sans savoir que nous étions sur ce projet. Il était très bien. Voilà comment a débuté l'histoire de* Sénèque, dernier jour.

Le soir du 7 novembre 2004, l'opéra de Rennes, où se tient la création, accueille l'Orchestre de Bretagne dirigé par François-Xavier Roth et le soliste Michel Blanc. L'expérience inédite tient de la performance pour le récitant, car le texte suit à la mesure une partition contemporaine exigeante.

Le soir de la générale, j'ai d'abord été perdu devant l'orchestre. Nous avions répété avec un pianiste qui jouait une réduction de la partition et cela n'avait plus rien à voir. Je ne pouvais pas suivre toutes les parties en même temps. Il fallait que je discerne la bonne, à un moment les cuivres, un autre les violons. Parfois, il n'y a même qu'une demi-mesure entre mes phrases. Éric avait été tout le temps à mes côtés pendant les répétitions, mais plus personne ne pouvait plus m'aider sur scène. Il faut une concentration terrifiante. Je suis ressorti lessivé des vingt minutes à chaque fois.

Sénèque, dernier jour est joué à sept reprises. Rapidement, Éric Tanguy et Michel Blanc s'attellent à un autre projet artistique.

Un soir, Éric m'a proposé de dîner avec lui. Je ne pouvais pas répondre à son invitation puisqu'il s'agissait de la première de Tantine et moi, *la pièce que je venais d'adapter. Finalement, il m'a accompagné au théâtre et nous l'avons vue ensemble. Après le spectacle, Éric m'a suggéré : «* Tantine et moi *ferait un opéra de chambre très original. »*

En 2005 Michel Blanc a adapté le texte de la pièce de Morris Panych, interprétée par Francis Perrin et Monique Chaumette au théâtre La Bruyère et mise en scène par Stephan Meldegg. Quelque temps plus tard, il procède à l'adaptation de son propre texte et, au côté d'Éric Tanguy, il aborde une nouvelle facette de l'écriture, dans un domaine qu'il méconnaissait. Au travers de ce livret, il apprend notamment que le temps au théâtre n'a pas la même valeur qu'à l'opéra.

Éric m'a dit qu'il y avait un rapport de un à sept au niveau du minutage. Une pièce qui dure une heure ferait donc un opéra de sept heures par exemple. Je ne pouvais évidemment pas conserver mon texte, d'autant que des phrases et des mots ne se chantent pas comme ils se disent. J'ai dû tenir compte de nombreux éléments techniques que je ne connaissais pas avant.

Le compositeur, quant à lui, travaille durant deux ans sur sa partition. Le théâtre des Bouffes du Nord accepte d'accompagner les auteurs jusqu'à la création et au lever de rideau. Mais, à ce jour, l'opéra de chambre d'après *Tantine et moi* n'a pas été donné, les conditions n'ayant pu être réunies, au grand regret de ses deux créateurs. Et s'il entend bien jouer à nouveau *Sénèque, dernier jour* dans un avenir relativement proche, Michel Blanc sait qu'il est au moins aussi difficile d'accorder les agendas respectifs que d'aligner les planètes.

Interpréter Sénèque, dernier jour *reste une expérience hors norme. Je crois que cette œuvre exprime bien le sens étymologique de « concerto », à savoir la lutte entre l'orchestre et le soliste. Finalement, j'ai réussi à faire de la musique sans être musicien.*

Bibliographie

Collectif, *L'Acteur cinéaste, devant et derrière la caméra*, Paris, Les Impressions nouvelles, 2016.

Alexandre Grenier, *Génération Père Noël : du Splendid à la gloire*, Paris, Belfond, 1994.

Jean-Jacques Jelot-Blanc, *Le Splendid*, Paris, Alphée, 2010.

Gérard Jugnot, *Une époque formidable : mes années Splendid'*, Paris, Grasset, 2016.

Patrice Leconte, *Je suis un imposteur*, Paris, Flammarion, 2000.

Patrice Leconte (avec Hubert Prolongeau), *J'arrête le cinéma*, Paris, Calmann-Lévy, 2011.

Philippe Lombard, *Le Petit Livre des Bronzés*, Paris, First Éditions, 2016.

Jean-Michel Ribes, *Mille et un morceaux*, Paris, L'Iconoclaste, 2015.

Remerciements

Michel Blanc, Isabelle Lerein, Frank David, Emmanuelle Ribes, toutes les équipes d'Hors Collection, de Place des Éditeurs et Claire.